atlas básico
de ecología

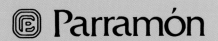

Parramón

Proyecto y realización

Parramón Ediciones, S.A.

Dirección editorial

Lluís Borràs

Ayudante de edición

Cristina Vilella

Textos

José Tola, Eva Infiesta

Diseño gráfico y maquetación

Estudi Toni Inglés

Fotografías

AGE Fotostock, Archivo Parramón, Eduardo Banqueri, Boreal,
Cablepress, Àlex Culla, Prisma, Sincronía, Jordi Vidal

Dibujos

Archivo Parramón, Estudi d'Il·lustració Jaume Farrés, Studio Cámara

Dirección de producción

Rafael Marfil

Producción

Manel Sánchez

Segunda edición: abril 2004

Atlas básico de ecología
ISBN: 84-342-2466-6

Depósito Legal: B-15.211-2004

Impreso en España
© Parramón Ediciones, S.A. – 2003
Ronda de Sant Pere, 5, 4ª planta - 08010 Barcelona (España)
Empresa del Grupo Editorial Norma, S.A.

www.parramon.com

Agradecemos la colaboración desinteresada
en la cesión de imágenes a:

Greenpeace (Nick Hancock/Grace y Beltrá, págs 92, 93),
WHO (P. Virot, págs 80, 81, 82, 83) y
CESPA (V. San Nicolás, págs 54, 55).

PRESENTACIÓN

Este Atlas de ecología pone en manos de los lectores una magnífica oportunidad para conocer cómo los seres vivos, los animales y las plantas comparten e interactúan con el medio (el suelo, el aire, el agua, etc.) y cómo evolucionan y se ven modificados cuando cambian las condiciones. Constituye, pues, una herramienta de la máxima utilidad para profundizar en las bases físicas del ecosistema, en el conocimiento del comportamiento de los seres vivos para encontrar y defender un espacio en el que vivir y desarrollarse, así como comprender el funcionamiento de los grandes biomas del planeta (el mar, el bosque, el desierto, la montaña, etc.). Una parte importante de este libro está dedicada a la influencia negativa que sobre el medio ejercen algunas actividades del hombre, así como unas ideas para evitar o paliar el daño que se produce a nuestro planeta.

Los diferentes apartados de esta obra conforman una completa síntesis de la ecología. Constan de múltiples láminas y numerosas figuras, esquemáticas aunque rigurosas, que muestran las principales características de la biosfera, esto es, el espacio en el que es posible la vida. Tales ilustraciones, que constituyen el núcleo central de este volumen, están complementadas con breves explicaciones y apuntes que facilitan la comprensión de los principales conceptos, así como con un índice alfabético que permite localizar con facilidad toda cuestión de interés.

Al emprender la edición de este Atlas de ecología nos marcamos como objetivos realizar una obra práctica y didáctica, útil y accesible, de rigurosa seriedad científica y, a la par, amena y clara. Esperamos que los lectores consideren cumplidos nuestros propósitos.

SUMARIO

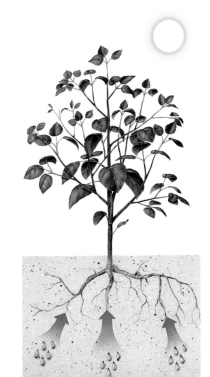

INTRODUCCIÓN

Esta escena constituye la síntesis de un ecosistema: gracias a la luz y el calor del sol crece la hierba de la que se alimenta la gacela, que a su vez alimenta al águila; cuando éstos mueren, sus restos contribuirán a nutrir el suelo para que vuelva a crecer la hierba.

LA ECOLOGÍA

Esta ciencia se dedica a estudiar las relaciones que existen entre los **seres vivos** del planeta y el **medio físico** en el que se encuentran, así como las relaciones que existen entre los distintos seres vivos. Aunque el volumen de la Tierra es muy grande comparado con sus pobladores, en realidad sólo una pequeña parte de toda esa masa es la que interesa directamente a la ecología. Se trata de la **corteza terrestre**.

Comparado con el resto, la corteza es casi una lámina delgada, y a veces se ha dicho que sería el equivalente a la piel fina de una naranja. Pero a pesar de su pequeña cantidad, desempeña un papel esencial para todos nosotros. En ella tiene lugar la **vida** y, además, dentro de unos intervalos muy pequeños. A menudo el límite está a pocos metros por debajo de la superficie del suelo y la mayoría de los organismos no se alejan mucho de ella. Los árboles más altos superan sólo ligeramente los 100 metros y la

mayoría de las aves que vuelan a mayor altura durante sus migraciones no se separan más de dos o tres mil metros del suelo. No obstante, estas aves, lo mismo que muchos otros animales voladores, alcanzan esas alturas sólo de modo transitorio, ya que para comer o reproducirse deben volver al suelo.

Vamos a ver a continuación algunos de los aspectos principales que trata la ecología, que es una **ciencia** que quizá, más que otras, nos afecta de modo muy directo y general en todas las áreas de nuestra vida cotidiana. Ése es el motivo principal por el que prestaremos una especial atención a lo que denominamos **ecología práctica**.

Aunque el espacio donde se desarrolla la vida parece muy grande, es una delgada capa si consideramos el grosor de la Tierra.

Los herbívoros (como el corzo de la derecha) se alimentan de las plantas; mientras que los carnívoros (como el chacal de la izquierda) se alimentan principalmente de herbívoros.

LOS FUNDAMENTOS FÍSICOS DEL ECOSISTEMA

Nuestro planeta es el medio donde vivimos y sus características físicas son las que condicionan nuestra vida. Podemos distinguir tres partes principales, una sólida, que es la corteza, otra líquida, que la forman los mares, ríos y las restantes aguas, y otra gaseosa, que constituye el aire que respiramos. Todo esto es el sustrato físico sobre el que viven plantas, animales y los restantes seres vivos. El conjunto de ese sustrato físico y todos los organismos recibe el nombre de **ecosistema**.

A lo que llamamos ecosistema es siempre relativo y depende de lo que estemos estudiando. En general, podemos definir nuestro planeta como un **ecosistema global**, pero dentro de él hay distintas partes que son ecosistemas parciales. Uno pueden ser los bosques y otro los mares, pero también en ellos podemos hablar del ecosistema de las selvas tropicales, el de los bosques templados, etc. Es decir, que para poder estudiar nuestro planeta, que es muy grande para la escala humana, conviene que lo dividamos en unidades más pequeñas.

El ecosistema no es algo inamovible y permanente sino que se encuentra sometido a constantes cambios. Esas transformaciones se deben a que hay un constante aporte de **energía**, que procede del Sol, que se consume y se utiliza de diferentes maneras. Otra razón es que también la **materia** (pequeñas porciones de ella) experimenta cambios, que denominamos ciclos. Por ejemplo, los minerales del suelo (lo que constituye el abono) pasan a las plantas y allí se convierten en hojas, ramas, etc. Todos esos mate-

riales son la comida de los **herbívoros**, que los transforman en carne. Después, cuando un **carnívoro** se come al herbívoro, toda esa materia (que ahora se llama carne pero que está hecha de materia vegetal, que a su vez está hecha de los minerales del suelo) se convierte en músculos, huesos, etc., que cuando el carnívoro muera y su cuerpo se descomponga, se mezclarán de nuevo con el suelo. Es decir, hay un constante **ciclo de la materia**.

EL ECOSISTEMA VIVO

Ya hemos visto que el ecosistema está en constante cambio. También lo están los organismos que lo forman, pues su vida es limitada. Veremos aquí el modo en que todos estos seres se organizan en distintos niveles. Llamamos **productores** a los que se encuentran en el nivel más cercano a la materia inanimada, o inorgánica (los minerales), y que los utilizan para producir materia orgánica. Son las **plantas**. Todos los restantes seres vivos dependen de ellas porque son incapaces de convertir minerales en materia orgánica. Así pues, les llamamos **consumidores**. Pero los hay de distintos tipos: los **consumidores primarios** comen directamente plantas (por ejemplo, una vaca) y los **consumidores secundarios** sólo comen carne (por ejemplo, un lobo). Además de ellos, hay otros que se encargan del proceso inverso, es decir, en lugar de construir más materia orgánica a partir del alimento, lo que hacen es descomponer el alimento hasta transformarlo de nuevo en materia inorgánica. Son los llamados **descomponedores**, como las bacterias de la putrefacción.

En los lugares poco favorables (muy fríos, muy secos o de suelos muy pobres) apenas hay vida; sólo crecen algunas plantas resistentes y viven unos pocos animales, principalmente subterráneos.

LOS SERES VIVOS EN EL ECOSISTEMA

En esta sección veremos los cambios que tienen lugar en las relaciones entre los seres vivos. Uno de los principales tipos de relación es lo que ya antes hemos esbozado: unos se alimentan de otros, es decir, que el alimento es uno de los motores principales, aunque no el único, que mueve a los seres vivos. Surge así lo que llamamos la **competencia**, que es la lucha entre dos o más seres por conseguir un determinado **recurso**, que puede ser de muchos tipos (comida, espacio, pareja, etc.).

Los seres vivos que forman parte del ecosistema constituyen **poblaciones**, que pueden ser de una sola especie, por ejemplo, la de cebras de la sabana, o de varias especies, que serían los herbívoros (cebras, búfalos, ñus, gacelas, etc.). Estas poblaciones tampoco son siempre iguales sino que fluctúan a lo largo del tiempo. En los años de gran sequía, la población de herbívoros de la sabana africana se reduce mucho, pero cuando llegan temporadas más benignas, con comida abundante, esa población aumenta de manera espectacular.

Además, los individuos de las poblaciones realizan **desplazamientos** más o menos regulares. A veces es sólo el recorrido diario en busca de comida o de agua, pero en otras supone un largo viaje hasta lugares muy lejanos, es decir, una **migración**. En el caso de la sabana africana, es lo que sucede todos los años con los ñus.

En las épocas de sequía, los ñus de África recorren cientos de kilómetros para encontrar pastos frescos.

La recogida selectiva de los desechos (vidrio, papel y cartón, residuos orgánicos, plásticos, etc.), permite el reciclado de muchos materiales.

LOS GRANDES BIOMAS DEL PLANETA

Cuando viajamos por cualquier lugar de nuestro planeta nos encontramos con paisajes distintos, unas veces únicos y otras repetidos en diferentes lugares. Esa noción general de paisaje es lo que se designa con el nombre de **bioma**. Es un conjunto de **seres vivos**, organizado dentro del **ecosistema**, con unos caracteres comunes importantes. Igual que sucede con el ecosistema, que se divide en otros más pequeños, los biomas también experimentan este tipo de clasificaciones. De un modo muy general hablamos de los mares y océanos, de los ríos, de los bosques y las selvas, de los desiertos, de las montañas y de las regiones polares. Éstos son, a grandes rasgos, los principales biomas que encontramos en la Tierra. Pero dentro de ellos podemos distinguir unidades más pequeñas. Bajo el gran capítulo del bioma forestal, por ejemplo, incluimos los bosques de las regiones templadas, las **selvas tropicales** o la **taiga**. Cada uno de estos lugares posee, a su vez, una **fauna** característica, creando de este modo un ecosistema particular que puede distinguirse de otros en apariencia análogos.

LA ECOLOGÍA PRÁCTICA

La ecología es una ciencia, pero muchas de sus consecuencias nos afectan tanto en nuestra existencia que se convierte en un aspecto de nuestra vida práctica. Aplicar los conocimientos que proporciona la **ciencia ecológica** para resolver las relaciones que mantenemos con nuestro planeta y los restantes seres vivos que lo pueblan es lo que podemos llamar **ecología práctica**. En ella no sólo tienen que participar los científicos, sino todos y cada uno de nosotros. Las cuestiones que han de tratarse en esta sección abarcan prácticamente todas las facetas que nos brinda la vida cotidiana. El aire se ha vuelto irrespirable en muchas de las grandes ciudades, los ríos parecen cloacas y por doquier se producen vertidos de sustancias peligrosas, que afectan hasta las aguas polares o suben en la atmósfera hasta provocar el agujero en la **capa de ozono**.

La **contaminación**, en resumidas cuentas, es uno de los principales problemas al que nos enfrentamos hoy y del cual depende no ya sólo la salud del planeta sino también la de cada uno de nosotros. Frente a estas enfermedades de la naturaleza veremos algunas de las soluciones que existen. Nos daremos cuenta de que muchos de estos remedios dependen de nuestro propio comportamiento, evitando producir **residuos** innecesarios, enviando a **reciclar** el vidrio o el papel, ahorrando agua o utilizando **energías alternativas**.

Desde muy antiguo, el hombre ha aprovechado las fuerzas de la naturaleza para producir energía. En la fotografía, viejos molinos harineros.

LA BIOSFERA: EL AGUA, LA LUZ Y LA ENERGÍA

La **Tierra** es el único planeta del Sistema Solar en el que se sabe que existan **seres vivos**. En ella se unen unas características que permiten el desarrollo de la **vida**: temperatura adecuada, presencia de agua, etc. Al estudiarla se suele hablar de tres capas principales: la **litosfera**, que es la capa sólida; la **hidrosfera**, que es la capa de agua, y la **atmósfera**, la capa gaseosa que rodea las anteriores. Pero no debemos olvidar que los seres vivos también son parte del planeta, e importantísimos para el mantenimiento de sus condiciones. El conjunto de todos los seres vivos forma la **biosfera**, que ocupa una estrecha franja sobre la superficie terrestre.

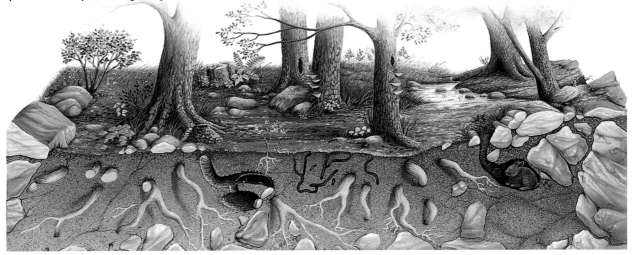

LA BIOSFERA

Comparada con otras capas, la biosfera es muy delgada, pero tiene una gran influencia sobre las otras (atmósfera, hidrosfera y litosfera), ya que los **seres vivos** interaccionan con el medio que les rodea y hacen cambiar sus características. El espesor de la biosfera es muy variable. En las estepas, por ejemplo, ocupa sólo unos pocos metros, desde las zonas más profundas del suelo a las que llegan las raíces de las plantas o en las que se desarrollan bacterias y hongos hasta la parte superior de la vegetación, o hasta donde llegan los animales más corpulentos; en este caso, al ser herbácea, es de poca altura. En los océanos, la biosfera puede ocupar varios kilómetros, desde la superficie del agua hasta las profundidades en que habitan multitud de seres abisales.

Si se tomaran todos los seres vivos de la Tierra y se hiciera con ellos una capa uniforme sobre la superficie del planeta, sólo tendría un centímetro de grosor.

La biosfera es el espacio (del aire, del suelo y del subsuelo, y de las aguas) donde se dan condiciones favorables para el desarrollo de la vida.

DATOS DEL PLANETA TIERRA

Superficie total	510 millones de km² (100 %)
Superficie cubierta por el agua	361 millones de km² (71 %)
Superficie emergida	149 millones de km² (29 %)

LA HIDROSFERA

Es la parte del planeta ocupada por el agua. En la **hidrosfera** se incluyen los océanos, mares, ríos, lagos, agua atmosférica (nubes y vapor) y las aguas subterráneas. Los **seres vivos** dependen del agua para vivir. Incluso aquellos que no beben en toda su vida, también la necesitan, y la consiguen realizando ciertas reacciones químicas en el interior del cuerpo. La **vida** surgió en el agua y todos los seres vivos tienen una buena parte de su cuerpo formada por agua.

Vista desde el espacio, la Tierra parece un planeta azul debido a la gran cantidad de agua que la cubre.

DISTRIBUCIÓN DEL AGUA SOBRE LA TIERRA

Océanos y mares	1.348 millones de km³
Hielo (polos y glaciares)	26 millones de km³
Agua dulce (ríos, lagos, etc.)	0,23 millones de km³
Aguas subterráneas	no se conoce con exactitud

LOS SERES VIVOS

Los **seres vivos** están formados por materia y necesitan energía para mantener su estructura. Esta energía puede obtenerse de diferentes formas. Las **plantas**, por ejemplo, utilizan la luz del Sol (**energía solar**). Gracias a esta energía son capaces de transformar el dióxido de carbono de la atmósfera y los minerales del suelo en materia orgánica que formará su propio cuerpo. Los **animales** y los **hongos**, en cambio, utilizan la energía que se obtiene cuando se rompen los enlaces de las moléculas que forman la materia orgánica de la que se alimentan (**energía bioquímica**).

NIVEL TRÓFICO

Cada uno de los grupos de organismos que aprovechan del mismo modo la energía. Por ejemplo, los **productores** (plantas) que fabrican materia orgánica, los **consumidores primarios** (animales herbívoros) que sólo comen plantas, los **consumidores secundarios** (carnívoros), etc.

Si hubieran menos plantas disponibles de las que necesitan los herbívoros (como las cebras de abajo), éstos morirían irremisiblemente.
Del mismo modo, si hubieran más carnívoros (como el lobo de la derecha) que herbívoros, ambos desaparecerían. Por eso, los ecosistemas necesitan equilibrio.

FLUJO DE ENERGÍA DE UN ECOSISTEMA

energía solar

herbívoros

carnívoros

plantas (productores)

descomponedores

LA FUENTE DE ENERGÍA

La **energía solar** permite el crecimiento de los **vegetales**, que son la base para el alimento de todos los **animales vegetarianos** (los herbívoros), que sirven de alimento a los **carnívoros**. Por tanto, la luz solar es la fuente de energía de los seres vivos.

EL FLUJO DE LA ENERGÍA

En la naturaleza, la energía fluye en línea recta. De toda la **energía solar** que llega a la superficie de nuestro planeta, sólo una pequeña parte pasa de un **nivel trófico** al siguiente, el resto se pierde en forma de **calor** (en la **respiración** de las células). Por eso hay muchas más **plantas** que animales **herbívoros** (que viven con la energía sobrante de las plantas) y muchos más herbívoros que animales **carnívoros**, porque también ellos sólo pueden aprovechar la energía sobrante de los herbívoros.

En cada **nivel trófico** sólo se aprovecha entre un 10 % y un 20 % de la energía acumulada en el piso inferior.

Sólo un 0,2 % de la energía solar que llega a la superficie de la Tierra es aprovechada por las plantas.

LA ATMÓSFERA, EL SUELO Y EL CLIMA

Para entender cómo funcionan los **ecosistemas** hay que dar un paso atrás y conocer el medio inanimado en el que se ubican y los procesos que en él se dan. En el caso del planeta Tierra, la **atmósfera** presenta una composición y estructura muy especiales que ha permitido el desarrollo de la vida. El **suelo**, capa de minerales fruto de la erosión de las rocas, es la base sobre la que se sustentan todos los ecosistemas terrestres. El **clima** es un factor de vital importancia para determinar el tipo de ecosistema que va a desarrollarse en un determinado lugar.

LA ATMÓSFERA TERRESTRE

La **atmósfera** es la capa gaseosa que envuelve a un planeta. Su composición depende de varios factores como el tipo y la proporción de elementos químicos del planeta, la temperatura, etc. En el caso de la Tierra, la atmósfera actual tiene una composición muy especial, fruto del trabajo de los seres vivos durante millones de años. El **oxígeno** molecular (O_2), que en la actualidad supone un 21 %, no siempre estuvo presente. Se debe a la acción de las primeras algas filamentosas, que con el proceso de **fotosíntesis** fueron liberando este gas durante varios millones de años hasta llegar a la cantidad actual. Este proceso alcanzó entonces un punto de equilibrio entre el consumo debido a la respiración y la producción mediante la fotosíntesis.

ESCUDO PROTECTOR

La atmósfera ejerce de barrera frente a los posibles objetos que puedan chocar con la superficie terrestre. Cuando un fragmento de roca del espacio exterior penetra en la atmósfera, el rozamiento acaba por desintegrarlo.

COMPOSICIÓN DE LA ATMÓSFERA TERRESTRE

Nitrógeno	78,00 %
Oxígeno	20,50 %
Argón	0,90 %
Dióxido de carbono	0,03 %
Todos los restantes gases y componentes	0,57 %

Sin la atmósfera, la **radiación cósmica** acabaría con la vida y los constantes fragmentos de roca llenarían de cráteres la superficie terrestre.

CAPAS DE LA ATMÓSFERA TERRESTRE

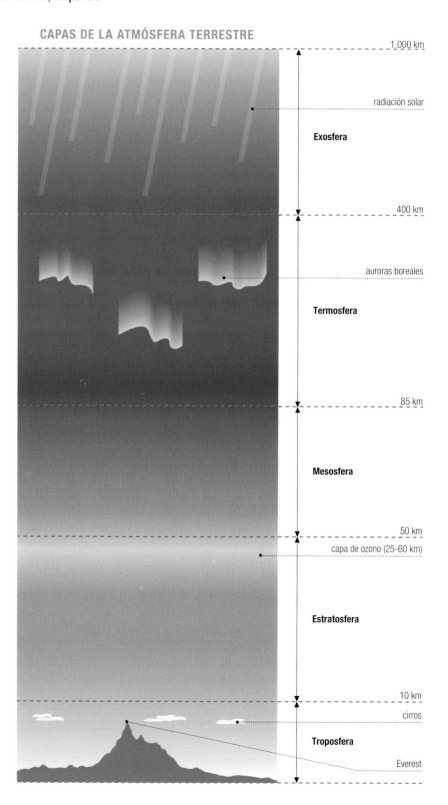

- 1.000 km
- radiación solar
- Exosfera
- 400 km
- auroras boreales
- Termosfera
- 85 km
- Mesosfera
- 50 km
- capa de ozono (25-60 km)
- Estratosfera
- 10 km
- cirros
- Troposfera
- Everest

EL SUELO

El **suelo** es la capa de minerales y restos orgánicos creada por la erosión de las **rocas** y la acción de los **seres vivos**. Es un elemento importantísimo del **ecosistema**, ya que de él depende la formación de la cubierta vegetal que es la base de las **cadenas tróficas**. Además, en el suelo se desarrolla una **fauna subterránea** poco visible, pero de vital importancia para los seres que pueblan la superficie. Las lombrices, por ejemplo, remueven la tierra facilitando la aireación y por tanto evitando que la materia orgánica acumulada se pudra y perjudique a las raíces de las plantas.

Cuando un **bosque** se tala o se quema, el suelo queda desprotegido de la **erosión** y es arrastrado. La desaparición del suelo es muy grave ya que sin él es imposible que vuelva a desarrollarse un nuevo bosque.

EL SUELO SE DIVIDE EN TRES HORIZONTES PRINCIPALES

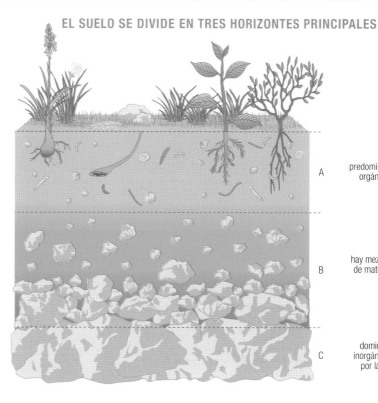

A — predomina la materia orgánica y es fértil

B — hay mezcla uniforme de materia orgánica e inorgánica

C — domina la materia inorgánica, formada por la roca madre

La fauna subterránea oxigena el suelo y facilita la descomposición de la materia orgánica, aprovechada por las raíces de las plantas.

En las zonas cálidas y lluviosas predomina la selva.

PRINCIPALES CLIMAS

A grandes rasgos pueden distinguirse los siguientes: **tropical**, **subtropical**, **desértico**, **templado**, **frío** y **polar**.

LOS DESCOMPONEDORES

Son organismos, como los **hongos** y las **bacterias**, que desintegran la materia difícil de digerir por los animales y que liberan elementos químicos indispensables para el crecimiento de las plantas.

EL CLIMA

El **clima** se define como el valor medio de las condiciones atmosféricas (temperatura, precipitaciones, vientos, etc.) que imperan en una región durante una larga serie de años. Depende principalmente de la **latitud** y la **altitud**. La primera es importante porque a mayor distancia del ecuador, menor es el ángulo de incidencia de los rayos de Sol y, por tanto, menor el calor recibido. La segunda actúa a través de la **temperatura**, ya que a mayor altitud más frío. Otros factores importantes que también influyen sobre el clima de un determinado lugar son la distancia con respecto a grandes masas de agua (océanos, mares, grandes lagos), la presencia o no de vientos, la existencia de ciertos accidentes geográficos (montañas, depresiones, etc.) y la vegetación.

En las zonas de montaña septentrionales el clima es frío y los bosques suelen ser de abetos.

El clima es muy importante para los seres vivos y les obliga a adaptarse a sus condiciones, impidiéndoles vivir en determinadas regiones para las que no se hayan adaptado.

LOS CICLOS DE LA MATERIA

Cuando una **semilla** germina, empieza a crecer una planta que puede acabar convirtiéndose en un enorme árbol. ¿Pero de dónde sale toda la materia que forma el tronco, las ramas o las hojas? La semilla tiene un pequeño **tejido de reserva** que sirve para que empiecen a desarrollarse el tallo y la raíz, pero una vez se acaba esta reserva la planta debe acopiar materia del medio que le rodea para incorporarla en su propio cuerpo. En un futuro, esta materia volverá de nuevo al medio, creándose un circuito cerrado en el que los diferentes **elementos** están durante un período en el medio inorgánico y otro formando parte de un ser vivo.

CICLOS DE LA ENERGÍA Y DE LA MATERIA

En los **ecosistemas**, el flujo de la **energía** es lineal, entrando a través de la radiación solar y saliendo en forma de calor. El flujo de la **materia**, en cambio, es circular, pasando de un estado a otro pero permaneciendo siempre en el ecosistema.

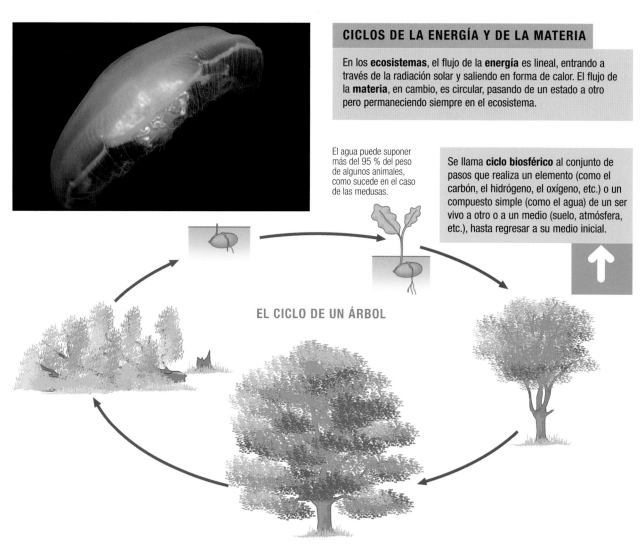

El agua puede suponer más del 95 % del peso de algunos animales, como sucede en el caso de las medusas.

Se llama **ciclo biosférico** al conjunto de pasos que realiza un elemento (como el carbón, el hidrógeno, el oxígeno, etc.) o un compuesto simple (como el agua) de un ser vivo a otro o a un medio (suelo, atmósfera, etc.), hasta regresar a su medio inicial.

EL CICLO DE UN ÁRBOL

LOS ELEMENTOS QUE FORMAN LOS SERES VIVOS

La materia de los seres vivos está formada por un buen número de elementos químicos que se obtienen del medio: los **bioelementos**. De todos ellos existen unos pocos que son los principales: el **carbono**, el **nitrógeno**, el **fósforo** y el **azufre**. El agua, aunque es una molécula y no un elemento, también es una parte muy importante del cuerpo de los animales y plantas. Todos estos elementos tienen ciclos característicos en los que sucesivamente pasan de una forma inorgánica (suelo, atmósfera, agua de un río, etc.) a una forma orgánica (tejido de algún ser vivo, parte de un excremento, etc.).

PRINCIPALES ELEMENTOS QUE FORMAN PARTE DE LOS SERES VIVOS

Carbono C	Magnesio Mg	Molibdeno Mo
Oxígeno O	Boro B	Cloro Cl
Hidrógeno H	Hierro Fe	Sodio Na
Nitrógeno N	Manganeso Mn	Selenio Se
Fósforo P	Cobre Cu	Estaño Sn
Azufre S	Cinc Zn	Cromo Cr
Potasio K	Cobalto Co	Vanadio V
Calcio Ca	Silicio Si	Flúor F

LOS CICLOS QUÍMICOS DE LA VIDA

Las plantas son las que en realidad incorporan la mayoría de las **moléculas inorgánicas** del medio y las convierten en la **materia orgánica** que forma sus propios tejidos. A su vez, los animales **herbívoros** se alimentan de ellas e incorporan esos elementos a su propio cuerpo. Lo mismo sucede con los **carnívoros** que se alimentan de los herbívoros. De este modo, la materia puede ir pasando de un **nivel trófico** a otro hasta que, finalmente, los elementos vuelven a formar parte del mundo inanimado de la naturaleza gracias a algunas **bacterias** que descomponen los cadáveres y restos orgánicos. Así, cada elemento sigue un circuito por diferentes partes del ecosistema.

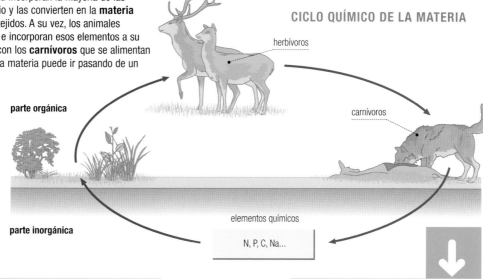

CICLO QUÍMICO DE LA MATERIA

herbívoros

carnívoros

parte orgánica

parte inorgánica

elementos químicos

N, P, C, Na...

RUTA METABÓLICA

Es el recorrido que hace un elemento químico por el interior del cuerpo de un organismo, transformándose de unos compuestos en otros a lo largo de diferentes reacciones.

En algunos casos, como en el del nitrógeno, el fósforo o el azufre, los ciclos de la materia pueden ser muy complicados porque intervienen muchos organismos y con muchas **rutas metabólicas**.

EL CICLO DEL CARBONO

CO_2
CO_2
CO_2
CO_2
CO_2
respiración
respiración
CO_2
carne
glucosa
plantas acuáticas
CO_2
bacterias

EL CARBONO

Es el principal elemento que forma las moléculas orgánicas. Aproximadamente la mitad de la materia sólida de cada ser vivo está constituida por este elemento.
La mayor parte del carbono utilizable por los vegetales se encuentra en forma de dióxido de carbono disuelto en la atmósfera (en una proporción del 0,03 %).

EL OXÍGENO

Su ciclo natural es contrapuesto al del carbono. Así, la fotosíntesis libera oxígeno al medio. Al respirar, los animales unen oxígeno y carbono para producir dióxido de carbono, que eliminan.

CICLO DEL CARBONO

Imaginemos un átomo de **carbono** que se encuentra formando parte del **dióxido de carbono** de la atmósfera (forma inorgánica). Un buen día una planta lo absorbe a través de una de sus hojas y allí le somete al proceso de la **fotosíntesis**. Se convertirá en una molécula de glucosa (forma orgánica), que forma una pequeña parte del cuerpo de esa planta. Un herbívoro come la planta y así se apodera del átomo de carbono. A continuación, un depredador mata al herbívoro y se lo come, introduciendo en su propio cuerpo al átomo de carbono. Allí forma parte de los tejidos del animal hasta que éste muere. Los organismos **descomponedores** transforman parte del cadáver en dióxido de carbono y lo desprenden a la atmósfera. Ésta es la historia de una molécula de carbono, el **ciclo del carbono**.

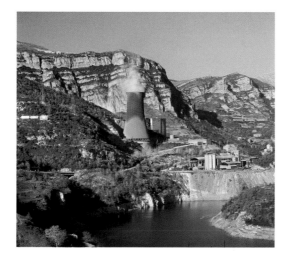

La actividad industrial está alterando el equilibrio del ciclo del carbono ya que libera grandes cantidades de CO_2 a la atmósfera fruto de la combustión del petróleo.

LOS DISTINTOS CICLOS

El **nitrógeno** y el **fósforo** son también importantes elementos que forman parte de los seres vivos y que se encuentran en la naturaleza en distintas formas. Su ciclo suele ser más complejo que el del carbono. El **agua**, aunque no es un elemento químico, es esencial para la vida. Su ciclo es muy variado y podemos encontrarla en formas muy diversas en el medio natural y también en el interior de los organismos, en los que puede ser un componente mayoritario.

CICLO DEL NITRÓGENO

La **atmósfera** terrestre contiene una gran cantidad de **nitrógeno** gaseoso en forma de N_2 (78 %). Sin embargo, esta forma de nitrógeno no la pueden utilizar las plantas ni los animales, sólo la aprovechan unas pocas bacterias y algas marinas para transformarlo en **amoníaco** (NH_3). Este amoníaco tampoco lo pueden utilizar las plantas, y son de nuevo otro grupo de bacterias las que pueden convertirlo en **nitratos** (NO_3), que son la única forma del nitrógeno que pueden utilizar las plantas para su crecimiento. Lo incorporan en sus tejidos y, de esta forma, puede pasar a los herbívoros, que se alimentan de ellos, y posteriormente a los carnívoros, etc.

El nitrógeno forma parte de las proteínas y de los ácidos nucleicos (ARN y ADN).

La descomposición de los restos animales o vegetales, así como la orina de los animales, liberan compuestos de nitrógeno al medio. Ciertas bacterias se encargarán de convertirlos en nitratos para que puedan ser aprovechados de nuevo por los vegetales.

En los campos de cultivo, los elementos del sistema salen de él, ya que el hombre exporta la producción de las plantas a otro lugar. El suelo se empobrece debido a que los ciclos no se pueden completar. Por eso hay que fertilizar los campos.

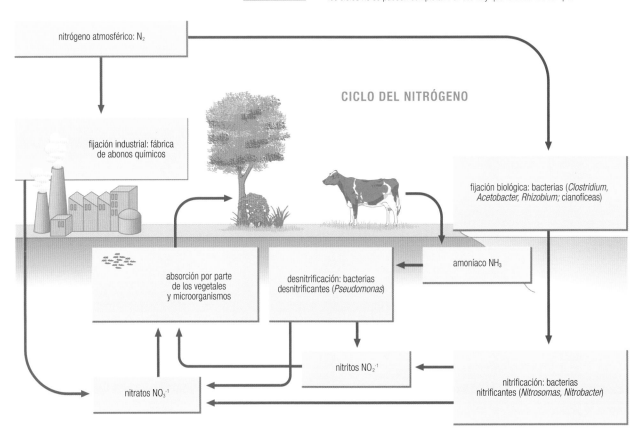

nitrógeno atmosférico: N_2

CICLO DEL NITRÓGENO

fijación industrial: fábrica de abonos químicos

fijación biológica: bacterias (*Clostridium, Acetobacter, Rhizobium;* cianofíceas)

absorción por parte de los vegetales y microorganismos

desnitrificación: bacterias desnitrificantes (*Pseudomonas*)

amoníaco NH_3

nitritos NO_2^{-1}

nitrificación: bacterias nitrificantes (*Nitrosomas, Nitrobacter*)

nitratos NO_3^{-1}

CICLO DEL FÓSFORO

El **fósforo** es un elemento que en el medio natural se encuentra acumulado en forma mineral. Se libera cuando un agua ligeramente ácida ocasiona una serie de reacciones químicas con la roca y forma un compuesto. Esta molécula puede pasar a formar parte del **suelo**, donde es aprovechada por las plantas terrestres o bien llegar al mar, donde es aprovechada por las algas, sobre todo las del **fitoplancton**. Una vez incorporado en la materia orgánica de los seres vivos, el fósforo pasa de un nivel a otro gracias a las cadenas alimenticias y no vuelve a liberarse al medio hasta que los cadáveres de dichos seres se descomponen.

 En los seres vivos el fósforo se encuentra fundamentalmente formando parte del ADN, el ARN y el ATP de las células.

Las aves marinas excretan grandes cantidades de fósforo, de manera que sus excrementos son una fuente muy importante de este elemento. Los cadáveres y excrementos acumulados forman el **guano**, utilizado como abono. En la fotografía, muelle utilizado en las islas Ballestas (Perú) para cargar el guano que producen las aves en estas islas.

El fosfato está presente en el agua en forma de una molécula de ortofosfato (PO_4^{-3}).

EL CICLO DEL AGUA

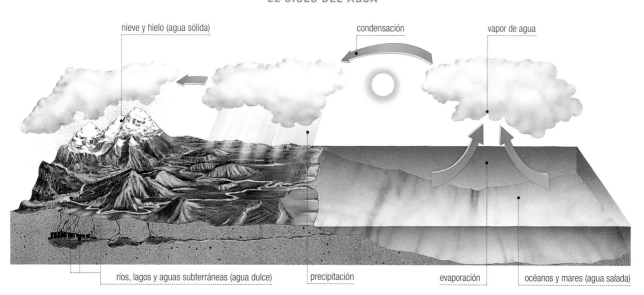

nieve y hielo (agua sólida) — condensación — vapor de agua

ríos, lagos y aguas subterráneas (agua dulce) — precipitación — evaporación — océanos y mares (agua salada)

CICLO DEL AGUA

Aunque el **agua** no es un elemento químico, sino una molécula formada por **oxígeno** e **hidrógeno**, es esencial para los seres vivos. Todas las reacciones químicas que se producen dentro de un organismo requieren la presencia de agua. Es el medio imprescindible para el funcionamiento del **metabolismo**, desde la producción de glucosa en las plantas hasta la digestión de los alimentos o la regulación de la temperatura en los animales. El agua también experimenta un ciclo constante en la naturaleza. Es un ciclo muy activo tanto fuera como dentro de los organismos.

El cuerpo de un mamífero está constituido por un 65 % de agua. En algunos organismos marinos, como las algas o las medusas puede sobrepasar el 95 %.

El agua es un compuesto de oxígeno e hidrógeno que puede estar presente en la naturaleza en estado gaseoso (vapor), líquido (agua corriente) y sólido (hielo).

EL ECOSISTEMA Y LA PRODUCCIÓN

Los **seres vivos** se encuentran estrechamente ligados al medio inerte sobre el que se desarrollan, especialmente los organismos **productores** (vegetales) que extraen de él todo el material para fabricar sus estructuras corporales y la energía necesaria para hacerlos funcionar. Todo el resto de seres vivos dependen por completo de la producción de **biomasa** de los vegetales. Para poder entender el funcionamiento de los ecosistemas y demostrar con cifras sus teorías, los ecólogos deben realizar una serie de cálculos de algunos parámetros como son la biomasa o la **producción**, que, en general, resultan difíciles de obtener.

BIOMASA

La **biomasa** es la masa total de los seres vivos. En el caso de un **ecosistema** concreto, como un bosque, es la masa de todos los seres vivos que lo habitan. Existen varias técnicas de medición de la biomasa de un ecosistema. Generalmente se obtienen valores más o menos aproximados porque para conocerlos realmente habría que recoger y pesar todos los organismos que hay allí. Eso significaría tener que matar a muchos de ellos, principalmente las plantas (cortar los árboles, arrancar hierbas...), lo cual no tiene sentido porque si matamos a sus pobladores, el ecosistema deja de existir.

La biomasa de este inmenso bosque canadiense está formada por los animales y, sobre todo, por los árboles que lo forman.

MEDIDA DE LA BIOMASA

La **biomasa** se expresa en unidades de peso (g, kg, tm) por unidad de superficie (ha, m², km², etc.).

La **producción** se mide como unidad de peso por unidad de tiempo, por ejemplo g/día o tm/año, etc.

Los estudiantes están realizando el estudio de la biomasa del bosque. Es un trabajo muy laborioso.

CÁLCULO DE LA BIOMASA DEL BOSQUE

Para calcular la cantidad de **biomasa vegetal** de un **bosque** debe acotarse un área de terreno (p. ej., una hectárea), contar el número de árboles, medir la altura y anchura de los troncos y contar el número de ramas y sus medidas. Con estos datos (y conociendo la densidad de la madera) podremos obtener la biomasa de leña. Para saber la biomasa de las hojas deberíamos medir el diámetro y la altura de las copas de los árboles. Posteriormente tomaríamos una rama típica y la deshojaríamos, depositando las hojas en el interior de una bolsa. Pesaríamos el contenido y luego multiplicaríamos por el resto de ramas del área estudiada. Lo mismo deberíamos hacer con la vegetación del **sotobosque**. El último paso es sumar los resultados obtenidos y tendríamos el valor de la biomasa de la hectárea estudiada. Para conocer la del bosque hay que multiplicar por el número de hectáreas que ocupa.

PRODUCCIÓN DE LOS ECOSISTEMAS

Otro de los parámetros más importantes para estudiar los ecosistemas es saber la cantidad de materia viva que producen. Pongamos el mismo ejemplo del caso de un bosque. Para calcular la **producción** vegetal en un año, deberíamos averiguar qué cantidad de materia nueva han formado durante ese período los árboles y las restantes plantas que forman el **bosque** (arbustos y hierbas del sotobosque).

LA PRODUCCIÓN DE BIOMASA

año 2003: 100 kg/ha

año 2004: 120 kg/ha

producción = diferencia de biomasa/tiempo
producción = (120 kg/ha-100 kg/ha)/1 año = 20 kg/ha año

 La productividad se calcula (en porcentaje) dividiendo la producción entre la biomasa (**productividad = = producción / biomasa**). Por ejemplo, si un bosque de biomasa = 100 kg/ha produce 20 kg/ha año, entonces tendrá una productividad anual del 20 %.

En un bosque de pinos, la mayor biomasa corresponde a los troncos y ramas de los árboles, seguido de las raíces y en último lugar de las hojas.

PRODUCCIÓN

Se define como el aumento de biomasa por unidad de superficie y de tiempo.

PRODUCTIVIDAD EN LOS ECOSISTEMAS

En nuestro planeta existen multitud de **ecosistemas** diferentes. Todos ellos mantienen un equilibrio natural al que han llegado tras siglos de funcionamiento. Sin embargo, unos son más **productivos** que otros. Por ejemplo, el **polo norte** es un ecosistema en el que se mantienen en perfecto equilibrio las poblaciones, sin embargo es poco productivo, pues la densidad de biomasa sobre el hielo es muy baja. En cambio, las **sabanas** africanas son extremadamente productivas.

Cada año se producen millones de toneladas de hierba, que son consumidas por millones de cabezas de herbívoros, que a su vez son presa de miles de carnívoros. La densidad de población en este ecosistema es infinitamente superior a la de los fríos hielos polares. Sin embargo, como toda la producción de los diferentes **niveles tróficos** es consumida por los siguientes la biomasa de los ecosistemas no crece, sino que permanece estable.

La productividad es la relación que se establece entre la producción y la biomasa.
Cuantitativamente, las zonas polares son poco productivas, mientras que la sabana africana es muy productiva.

USO Y APROVECHAMIENTO DEL ECOSISTEMA

Los **ecosistemas** están en permanente cambio aunque alcancen el equilibrio. En ellos, los distintos seres vivos que lo pueblan producen nueva **biomasa** a medida que crecen, pero también consumen otros recursos, como los minerales del suelo por parte de las plantas, o biomasa vegetal por parte de los animales. Todos estos seres vivos aprovechan la biomasa y los recursos que les ofrece el ecosistema de distintas maneras, unos como productores y otros como consumidores.

LOS ECOSISTEMAS MADUROS

Algunos ecosistemas, como las **selvas tropicales**, se encuentran en perfecto equilibrio, y en ellos la **biomasa** total no se incrementa ni disminuye a lo largo del tiempo. Esto significa que todo lo que producen las plantas lo consumen los herbívoros, o dicho de otra manera, que los herbívoros sólo consumen lo que producen las plantas. Lo mismo se cumple con los carnívoros respecto a los herbívoros, etc. Al final, la producción es igual a la pérdida de biomasa por distintos factores (consumo, respiración, etc.).

En los ecosistemas maduros, como la selva tropical, hay una gran variedad de especies.

SUCESIÓN

Es un proceso muy importante en los **ecosistemas**: un conjunto de cambios que se producen a lo largo de mucho tiempo (incluso siglos) y que acaban dando un ecosistema maduro.

LOS ECOSISTEMAS JÓVENES

Se llama así a los ecosistemas que presentan una **productividad** positiva, es decir, la producción supera al consumo. Por consiguiente, en ellos se va creando nueva **biomasa** a lo largo de los años. Es lo que sucede cuando se coloniza una nueva zona o, por ejemplo, cuando comienza a regenerarse un bosque después de que resultó destruido a causa de un incendio.

Un bosque quemado constituye un ecosistema joven cuando aparecen brotes nuevos.

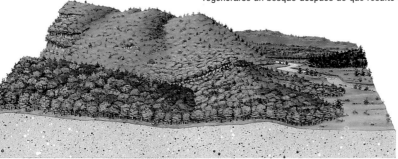

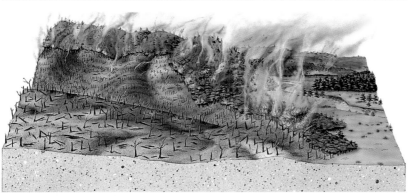

NIVEL TRÓFICO

Para estudiar el ecosistema es necesario clasificar a los seres vivos y reunirlos en grupos según su forma de obtener la **materia** y la **energía**. A cada una de estas formas se la denomina **nivel trófico**.

LA CADENA TRÓFICA

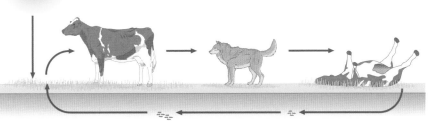

transformadores   descomponedores

Existe otro tipo de bacterias autótrofas que extraen la energía rompiendo enlaces de moléculas inorgánicas. Se llaman **quimioautótrofos**.

AUTÓTROFOS

Seres vivos capaces de aprovechar la luz solar como energía y mediante la fotosíntesis transformar la materia inorgánica en materia orgánica del propio cuerpo.

LOS NIVELES TRÓFICOS

Nivel trófico	Organismo	Tipo de organismos	Energía utilizada	Transformación realizada
Productores	plantas	autótrofos	solar	materia inorgánica en orgánica
Consumidores primarios	herbívoros	heterótrofos	química	materia orgánica vegetal en animal
Consumidores secundarios	carnívoros	heterótrofos	química	materia orgánica animal en animal
Descomponedores	bacterias, hongos	heterótrofos	química	materia orgánica en inorgánica
Transformadores	bacterias	autótrofos	química	materia inorgánica inerte en abonos minerales

Además de las plantas (desde musgos hasta árboles), también son autótrofos las algas y algunas bacterias.

HETERÓTROFOS

Seres vivos que obtienen la energía de los enlaces moleculares de la materia orgánica mediante la respiración. Lo son los animales, los hongos, los protozoos y multitud de bacterias.

LOS PRODUCTORES

A los vegetales se les denomina **productores** por el hecho que son ellos los que producen la materia orgánica del **ecosistema**. Están estrechamente ligados al medio físico sobre el que se asientan puesto que aprovechan las sales minerales y el agua del suelo y el dióxido de carbono del aire como materia de construcción de su propio cuerpo, y la luz solar como energía. Todos estos componentes son inorgánicos, pero las plantas los saben utilizar para crear materia orgánica.

Los productores suelen ser de color verde por tener clorofila, la molécula que permite la fotosíntesis.
Sin embargo, hay también otros pigmentos de la fotosíntesis que no son verdes. Por eso encontramos vegetales rojos, anaranjados o lilas.

LA PIRÁMIDE ECOLÓGICA

En la naturaleza, los organismos dependen mucho unos de otros, estableciéndose vínculos de unión tan estrechos que cuando a una especie le va mal, otra puede resultar perjudicada por ello. Los vegetales son capaces de fabricar materia orgánica a partir de los minerales y ellos sirven de base para todos los restantes organismos. Estas relaciones que pasan de unos organismos a otros se llaman **cadenas tróficas**.

NICHO ECOLÓGICO

Dentro de un ecosistema pueden haber varias especies que ocupan un mismo nivel trófico, es decir, que se alimentan de lo mismo. Sin embargo, cada una de ellas se adapta a una serie de condiciones concretas y explota ese alimento de manera diferente, de tal modo que no compiten realmente entre sí y, por lo tanto, puede convivir sin problemas. Esta especialización dentro del ecosistema se denomina nicho ecológico.

Las ballenas (a la izquierda) se alimentan del krill que filtran a través de sus barbas, mientras que las orcas (a la derecha) capturan peces, aves y mamíferos de mediano tamaño. Ambas ocupan el mismo nicho ecológico, pero no compiten por el alimento.

CADENAS Y REDES TRÓFICAS TERRESTRES

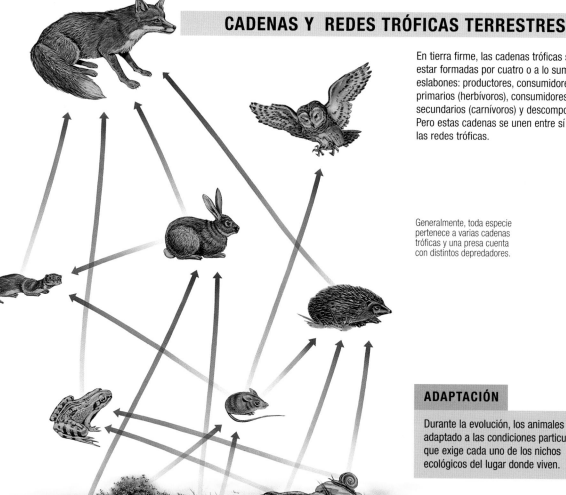

En tierra firme, las cadenas tróficas suelen estar formadas por cuatro o a lo sumo cinco eslabones: productores, consumidores primarios (herbívoros), consumidores secundarios (carnívoros) y descomponedores. Pero estas cadenas se unen entre sí formando las redes tróficas.

Generalmente, toda especie pertenece a varias cadenas tróficas y una presa cuenta con distintos depredadores.

ADAPTACIÓN

Durante la evolución, los animales se han adaptado a las condiciones particulares que exige cada uno de los nichos ecológicos del lugar donde viven.

LAS RELACIONES TRÓFICAS DEL MAR

En el mar, las cadenas tróficas son bastante diferentes de las de tierra firme. Su principal peculiaridad es que son mucho más largas, existiendo casi siempre consumidores terciarios, cuaternarios y más. Además, aunque existen algas de mediano y gran tamaño, la masa principal de los productores en el mar está formada por algas microscópicas que forman el fitoplancton. De él se alimenta una gran cantidad de invertebrados y en algunos casos incluso grandes vertebrados como las ballenas.

PROPORCIÓN DE PESO ENTRE LOS PISOS DE UNA PIRÁMIDE ECOLÓGICA

Nivel trófico	Ejemplos	Unidades de peso/hectárea
carnívoros	musaraña zorro	1
herbívoros	conejo perdiz	50
productores	manzano trigo zarzamora	400

La mayor masa productora del mar está formada por el fitoplancton, constituido por algas microscópicas.

DESCOMPONEDORES MARINOS

Se encuentran en el fondo, ya que la materia orgánica inerte tiende a hundirse. Abundan en los fondos abisales, donde llegan todos los restos orgánicos de las capas superiores del mar.

LA PIRÁMIDE TRÓFICA O ECOLÓGICA

Es una representación esquemática de la cantidad de biomasa que hay en cada uno de los eslabones de las redes tróficas. Cada piso que se eleva es más estrecho que el que le sirve de base: por ejemplo, hay más cantidad de biomasa vegetal que de animales que comen vegetales, porque de lo contrario estos animales morirían de hambre. Y lo mismo sucede con los restantes pisos.

CRECIMIENTO EXPLOSIVO

Algunos organismos se reproducen muy rápidamente y durante algún tiempo un piso más alto de la pirámide trófica puede ser más ancho que el de abajo: p. ej., el zooplancton marino.

Las pirámides tróficas pueden hacer referencia a la biomasa, a la cantidad de energía acumulada, al número de efectivos, etc.

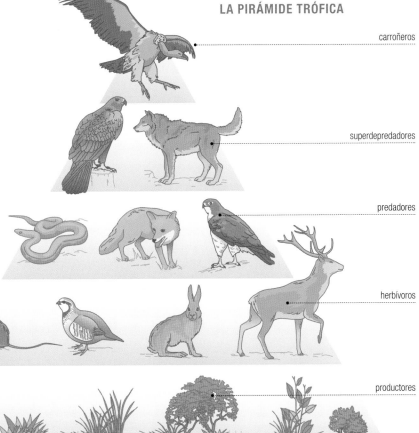

LA PIRÁMIDE TRÓFICA

carroñeros

superdepredadores

predadores

herbívoros

productores

LA COMPETENCIA Y LA DEPREDACIÓN

El ecosistema tiene muchos recursos de todo tipo y todos los seres vivos quieren obtenerlos. Surge así la competencia, es decir, la lucha de unos contra otros por conseguirlos. Además, cada ser vivo tiene una manera especial de obtener el alimento.

Las plantas lo fabrican ellas mismas a partir del agua, de los minerales del suelo y de la luz del Sol. Los animales no pueden hacerlo y, o bien comen plantas o bien comen otros animales. Estos últimos son los depredadores o cazadores.

COMPETIR POR LA COMIDA

Todos los seres vivos necesitan "comida" para vivir. Esta comida para los árboles son los nutrientes del suelo y el agua, y por eso intentan conseguirla mediante raíces más profundas o más extensas que sus vecinos. El que antes llegue conseguirá crecer más y hacerse más fuerte. Los buitres de la sabana africana que encuentran los restos de una cebra luchan entre sí por hacerse con un pedazo de carne.

Cuanto más largas tenga las raíces el árbol, más recursos podrá captar (agua, minerales, etc.).

Buitres en la sabana africana compitiendo para lograr una porción de carne de jirafa.

Cuando varios buitres se abalanzan sobre un cadáver, los que primero comen son los más agresivos, que son los que tienen más hambre.

COMPARTIR LOS RECURSOS

Muchas rapaces nocturnas, como los búhos, y algunas diurnas, como las águilas ratoneras, comen roedores, pero no compiten porque unas lo hacen de noche y otras de día.

Cuando distintas especies de aves ocupan un árbol para anidar, unas eligen el tronco; otras, la copa; otras, las ramas bajas, etc.

LA COMPETENCIA POR EL ESPACIO

En las selvas tropicales, las copas de los árboles forman una especie de toldo que impide que la luz llegue hasta el suelo. Por ese motivo, muchas plantas trepan por encima de otras para llegar a zonas más altas y obtener la luz que necesitan. Es lo que hacen muchas especies de trepadoras y lianas. También los animales compiten por el espacio y muchos de ellos defienden un territorio frente a sus contrincantes. El territorio de un carnívoro es todo el espacio que necesita para encontrar presas suficientes para poder vivir.

LOS DEPREDADORES

Muchos animales se alimentan de otros animales a los que cazan, es decir, que son carnívoros. Se les llama depredadores o predadores. Para poder cazar, muchos han desarrollado garras y fuertes dientes o picos. El modo de cazar varía según las especies. Así, los lobos cazan ciervos persiguiéndolos toda la manada y turnándose en la **persecución**, el guepardo caza gacelas a la **carrera**, los halcones cazan palomas lanzándose en un **vuelo en picado** desde una gran altura, los jaguares cazan pécaris a los que esperan al **acecho** ocultándose entre la maleza.

Los depredadores, lógicamente, han de desarrollar una mayor rapidez, fuerza y astucia que sus víctimas para sobrevivir. A la derecha, la poderosa garra del guepardo; a la izquierda, el lobo, que suele cazar en grupo.

AUTOCONTROL EN LA NATURALEZA

Las poblaciones de presas controlan las poblaciones de cazadores y a la inversa.

Los conejos son el alimento de muchas aves de presa. Una enfermedad que causó estragos entre los conejos hizo que disminuyera el número de aves de presa.

SUPRAPREDADORES

Son animales cazadores que pueden alimentarse de otros cazadores. Por ejemplo, las águilas reales, que pueden cazar zorros.

Entre los mamíferos, el cazador más pequeño es la musaraña, que mide apenas 5 cm y pesa unos 6 g.

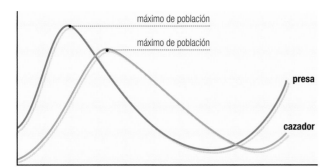

máximo de población
máximo de población

presa

cazador

RELACIÓN DEPREDADOR-PRESA

La máxima cantidad de cazadores se produce cuando ya comienzan a disminuir las presas, pues sobreviven algún tiempo más.

En los ecosistemas existe siempre un equilibrio entre los cazadores y sus presas. Si aumenta el número de presas, al haber más alimento los cazadores se multiplican, pero si son muchos los cazadores, acaban por matar a casi todas las presas y la mayoría de ellos morirán de hambre. Las pocas presas supervivientes comenzarán entonces a reproducirse y aumentará su población ya que apenas hay cazadores. Más tarde los cazadores, al haber alimento abundante, volverán a reproducirse y se repetirá la situación.

 El aumento del jabalí en toda Europa se debe a que casi ha desaparecido su principal enemigo, el lobo.

LA POBLACIÓN Y SUS CAMBIOS

Los seres vivos que pueblan nuestro planeta no aparecen aislados sino que se reúnen en determinados lugares formando lo que llamamos poblaciones. Estas unidades son muy importantes en ecología porque con ellas se puede determinar el funcionamiento del ecosistema. Pero las poblaciones no son permanentes sino que están sujetas a los cambios que experimentan los seres vivos, es decir, que pueden aumentar o disminuir. Además de estos cambios numéricos en sus poblaciones, los seres vivos también experimentan cambios regulares de emplazamiento, lo que se llaman migraciones, que afectan a muchas otras poblaciones.

LOS POBLADORES DEL PLANETA

La población la forman los seres vivos que poseen unas características comunes, por lo que puede ser de muy distintos tipos, dependiendo de lo que consideremos común. Así, por ejemplo, podemos hablar de la población humana de la Tierra si nos referimos exclusivamente a la especie humana. Dentro de un bosque existe la población de mamíferos que incluye garduña, jabalí, lirón, ratón, etc., pero también podemos hablar de la población animal e incluiremos mamíferos, aves, reptiles, insectos, etc., para distinguirla de la población vegetal, formada por hierbas, arbustos, árboles, etc.

 Las poblaciones en expansión tienen mayor número de individuos en las clases de edad baja (jóvenes) que en las clases de edad alta (ancianos).

POBLACIÓN HUMANA

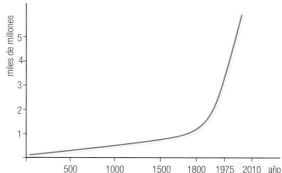

ESTRUCTURA DE LA POBLACIÓN

Modo de reunirse los distintos componentes de la población, p. ej., por edades (niños, jóvenes, adultos, ancianos).

POBLACIÓN DE BISONTES

inicio de la caza

caza masiva

casi extinción

POBLACIÓN

Conjunto de individuos de una misma especie (o grupo) que ocupan una superficie determinada.

HISTOGRAMA DE POBLACIÓN DE EUROPA

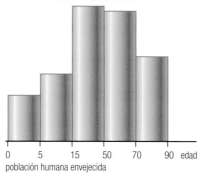

0   5   15   50   70   90   edad
población humana envejecida

HISTOGRAMA DE POBLACIÓN DE ÁFRICA

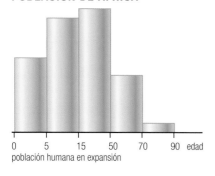

0   5   15   50   70   90   edad
población humana en expansión

CENSO DE POBLACIÓN

Para el control de la población de determinadas aves se procede al anillado de sus individuos. En la fotografía, anillado de un halcón.

En la especie humana los censos modernos se realizan cumplimentando un formulario para cada uno de los ciudadanos de un país. Para muchos animales se utiliza el recuento y marcado de los ejemplares, lo que permite conocer sus desplazamientos y el número de individuos de cada grupo. Para las aves se emplean generalmente anillas que se fijan a sus patas. En algunos grandes mamíferos, como los osos, se emplean collares con radiotransmisores. En los peces se coloca una tira de plástico sujeta a la base de la aleta dorsal. En todas estas marcas se indica una referencia que sirve para asignar los datos.

LOS CAMBIOS EN LAS POBLACIONES

Las poblaciones naturales experimentan cambios cíclicos debido a las condiciones del medio en que habitan y que pueden ser de magnitud muy distinta según cada especie, pero que suelen fluctuar alrededor de unos valores medios. Dependiendo de la cantidad de alimento disponible, la población tendrá más o menos individuos y lo mismo sucede con las condiciones atmosféricas. Así, en invierno mueren más individuos débiles y la población disminuye, pero con la llegada de la primavera nacen otros nuevos y la población vuelve a aumentar. Otras veces los cambios se deben a factores no habituales, como por ejemplo una enfermedad o una plaga.

FLUCTUACIÓN

Cambio cíclico en el número de individuos de una población a lo largo de un determinado período.

Los roedores experimentan a menudo grandes fluctuaciones de su población. Hay años en que son escasos y otros en que se convierten en plaga.

Los animales con una baja tasa de natalidad (p. ej., ballenas) experimentan pocas fluctuaciones.

LAS MIGRACIONES

Muchas especies animales realizan con regularidad largos viajes migratorios, debidos casi siempre a la necesidad de buscar comida. Por ejemplo, los **ñus** en la sabana africana o los renos de la tundra en las regiones boreales. Los **migradores** más conocidos son las aves, que crían en verano en latitudes altas, cuando allí abunda el alimento, y pasan el invierno en latitudes bajas, donde encuentran el alimento que está ausente entonces en las áreas de cría. También muchos peces hacen migraciones (atunes, salmones) y varios insectos (mariposas).

Los salmones viajan a la cabecera de los ríos para encontrar condiciones adecuadas para el desarrollo de los huevos.

El charrán ártico viaja todos los años miles de kilómetros desde el polo norte hasta el polo sur, y viceversa.

LA RIQUEZA DE LOS ECOSISTEMAS

Los **seres vivos** que están presentes en cada **ecosistema** dependen de las condiciones físicas del medio, tanto de su geología como de otros factores, principalmente el clima. Todo ello determina en primer lugar las posibilidades de vida vegetal, que serán las que permitan el desarrollo de la vida animal. El ecosistema evoluciona entonces hasta alcanzar un estado óptimo, llamado **clímax**. En él se alcanza la mayor diversidad y riqueza posibles para el medio en cuestión.

EL CLÍMAX

Ya hemos visto en anteriores apartados que los ecosistemas no son rígidos e inamovibles, sino que van evolucionando con el tiempo. Esta evolución es lo que denominábamos **sucesión** y el resultado de ella es un ecosistema final que se mantiene estable, siempre que las condiciones climatológicas y físicas del medio tampoco experimenten variaciones importantes. En este estado decimos que el ecosistema es **maduro** y en él las especies que lo forman van evolucionando lentamente, aunque sin modificar el conjunto. Las entradas y salidas de energía y materia se mantienen estables todo el tiempo.

SUCESIÓN PRIMARIA

Recibe este nombre la sucesión que tiene lugar de modo natural en un ecosistema.

Se llama clímax al ecosistema final de una sucesión en el que se alcanza el máximo desarrollo biológico posible para las condiciones del medio.

En el paisaje recreado en el dibujo podemos ver las distintas etapas por las que pasaría una región donde el **clímax** fuera el **bosque**. Primero se coloniza la roca madre. Cuando se forma el suelo, crece la hierba; después aparecen matas de escasa altura. Más adelante son sustituidas por arbustos. En una etapa posterior crecen árboles entre los arbustos hasta que, finalmente, los árboles ocupan todo el espacio y forman el bosque.

Cada región del planeta tiene un clímax característico. Así, en la **tundra** es la hierba y los líquenes, pues las condiciones no permiten que crezcan plantas de mayor tamaño. En la cuenca amazónica el clímax es la **selva tropical**.

SUCESIÓN SECUNDARIA

Recibe este nombre la sucesión que tiene lugar en un ecosistema alterado (p. ej., debido a un incendio) para recuperar su estado original.

EJEMPLO DE COLONIZACIÓN DE UNA ISLA DESIERTA

	Año 0	Después de 25 años	Después de 50 años	Después de 65 años
Plantas inferiores	1	12	61	71
Plantas superiores	0	100	140	220
Insectos	0	150	500	750
Reptiles	0	2	3	4
Aves	0	15	35	45
Mamíferos	0	0	3	4

LA DIVERSIDAD BIOLÓGICA

Introducción

Fundamentos
físicos del
ecosistema

El ecosistema
vivo

**Los seres
vivos
y sus cambios**

Los grandes
biomas

Ecología
práctica

Contaminación
del agua
y del aire

Otros tipos de
contaminación

Las energías
alternativas

Reciclar
es ahorrar

Problemas
ecológicos

Comportamiento
ecológico

Nuevas
tecnologías

Espacios
protegidos

El movimiento
ecologista

Índice
alfabético
de materias

Para elogiar las riquezas naturales de cualquier lugar del mundo se habla de su gran diversidad biológica. Esto significa que posee un gran número de **especies diferentes**. Es una característica de los ecosistemas más organizados, es decir, más estables. Cuando ese ecosistema ha llegado al final de su evolución natural, está formado por muchas más especies que al principio de ese recorrido, porque a medida que ha evolucionado han surgido nuevos **nichos**, que, como ya dijimos, son esos espacios particulares que puede aprovechar cada especie concreta.

Un **ecosistema inmaduro** suele tener una especie dominante cuya población puede ser muy superior al de las restantes especies.

Las selvas tropicales se caracterizan por su gran riqueza biológica, que se expresa en forma de diversidad. En un solo árbol puede haber cientos de especies distintas.

ESPECIE DOMINANTE

Se dice de la especie que cuenta con un número de individuos muy superior al de las restantes que hay en el ecosistema.

DIVERSIDAD

Un ecosistema tiene una gran diversidad biológica si en lugar de una especie dominante con millones de individuos hay muchas especies con unas poblaciones más pequeñas.

La **diversidad biológica** es la garantía para la vida de nuestro planeta.

Los **monocultivos**, donde sólo se cultiva una especie, son muy frágiles, pues si aparece una plaga, puede destruir todo el cultivo.

Las grandes extensiones de cultivos de cereales son ecosistemas muy degradados en los que el cereal (trigo, maíz, etc.) es la especie dominante. El hombre se encarga además de aniquilar a casi todas las restantes especies.

LOS MARES Y LAS COSTAS

Casi las tres cuartas partes de nuestro planeta están cubiertas por las aguas de **mares** y **océanos**; además, el mar es el lugar donde apareció la **vida** en la Tierra. Todo ello hace de él un medio muy importante, aunque resulta todavía desconocido en muchos aspectos. Las condiciones para vivir en las aguas son distintas a las que se dan sobre tierra firme y eso hace que los organismos marinos muestren unas características particulares. Los mares no son un medio uniforme sino que en ellos existen también zonas y regiones muy distintas.

EL MEDIO MARINO

En el **agua** existe un empuje hacia arriba que compensa en parte la **fuerza de la gravedad** y eso hace que el esfuerzo necesario para mover el cuerpo de un animal sea menor que en tierra firme. Por este motivo, los mayores animales vivientes, que son las **ballenas**, se encuentran en el mar. También los artrópodos marinos, por ejemplo los **crustáceos**, alcanzan dimensiones muy superiores a las de los artrópodos terrestres, como son los **insectos**. Otra condición que impone casi siempre el medio marino es la necesidad de disponer de **branquias** para absorber el oxígeno disuelto en el agua.

Langosta.

Los contrastes de temperatura son mucho menores en el mar que en tierra firme. El mar se enfría o se calienta menos y más lentamente que el aire.

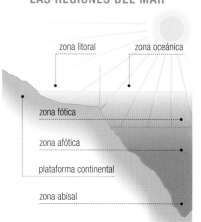

Los crustáceos, que son artrópodos marinos, suelen ser de mayor tamaño que los insectos, que son artrópodos terrestres.

Saltamontes.

SALINIDAD

Es la cantidad de gramos de sal que existe por litro. La salinidad media del mar es del 35 por mil, es decir, que hay 35 gramos de sales por cada litro de agua.

PRINCIPALES COMPONENTES DEL AGUA DEL MAR (g/l)

Cloruro sódico (NaCl)	26,51
Cloruro magnésico (MgCl$_2$)	2,25
Sulfato magnésico (MgSO$_4$)	3,30
Cloruro cálcico (CaCl$_2$)	1,14
Cloruro potásico (KCl)	0,72

SUPERFICIE DE LOS OCÉANOS

Océano	Km^2	% del total
Pacífico	166.241.000	46,0
Atlántico	86.557.000	23,9
Índico	73.427.000	20,3
Ártico	9.485.000	2,6
Todos los mares	26.266.000	7,2

LAS REGIONES DEL MAR

LAS REGIONES DEL MAR

zona litoral
zona oceánica
zona fótica
zona afótica
plataforma continental
zona abisal

hasta 150-200 m de profundidad

hasta 11.000 m de profundidad

Si contemplamos el mar desde la orilla, vemos una superficie uniforme pero eso es así sólo desde fuera. Por debajo hay zonas de distintas profundidades, que reciben diferentes nombres. También las zonas más cercanas a la costa, llamadas **litorales**, son distintas a las zonas de mar abierto. Una división importante es la que marca la profundidad hasta la que llega la luz. Por encima de ese límite pueden vivir las plantas marinas, pero a partir de esa frontera comienza un mundo prácticamente en tinieblas, donde no llega la luz del sol y que alcanza gran profundidad en la zona **abisal**.

ZONA AFÓTICA

Zona donde no llegan los rayos solares. Es la más profunda pues llega en algunos sitios hasta más de 11.000 m.

ZONA FÓTICA

Zona hasta donde llegan los rayos de luz del sol. La profundidad depende de la transparencia del agua, pero alcanza como máximo los 200 m.

LAS COSTAS

Éste es el límite entre el mar y la tierra firme. Es un lugar de gran **actividad biológica**, pues hay plantas y animales que viven en los dos medios y otros que aunque generalmente son de uno de ellos utilizan el otro, por ejemplo para obtener alimento. Hay muchos tipos de costas, desde las **arenosas** y sin accidentes hasta las formadas por entrantes y **acantilados** rocosos. Las condiciones de vida en la zona costera son muy duras tanto para las plantas como para los animales. Se trata de un **ecosistema** muy variado y con una gran **productividad** y **diversidad biológica**.

LOS CINCO MARES MÁS GRANDES

Nombre	Superficie (km²)	Profundidad máxima (m)
Mar de Coral	4.791.000	9.165
Mar Arábigo	3.683.000	5.800
Mar del Sur de la China	2.974.600	4.572
Mar Caribe	2.515.900	7.680
Mediterráneo	2.510.000	5.020

La mayor parte de las especies que se pescan para consumo humano viven en la plataforma continental.

↑

La plataforma continental es la zona que rodea a los continentes, más o menos ancha, y que llega hasta los 200 m de profundidad.

ANIMALES Y PLANTAS DEL MAR

Delfines.

Los organismos que habitan el mar pueden o bien vivir **libres** en el fondo, como los erizos o las langostas, o bien permanecer sujetos a las rocas, como los mejillones o las algas pardas. Otros viven lejos del fondo. Unos son muy pequeños y **flotan**, como muchos protozoos, mientras que otros son lo suficientemente grandes y **nadan** activamente, como los peces o las ballenas.

Numerosos organismos marinos viven sujetos a las rocas, como los mejillones, algas, etc.

PLANCTON

Es el conjunto de los organismos de tamaño muy pequeño que viven flotando en el agua.

BENTÓNICOS Y PELÁGICOS

Los organismos bentónicos son los que viven sobre el fondo del mar, a distintas profundidades. Los organismos pelágicos son los que viven nadando libremente por el agua, tanto en el litoral como en alta mar.

LOS RÍOS Y LOS LAGOS

Desde que en su nacimiento salen las primeras gotas de agua en el manantial o en un nevero hasta que el gran río va a morir al mar, existe una gran variedad de ambientes y condiciones ecológicas distintas. Por eso, la flora y la fauna de cada una de esas zonas son diferentes.

El río es un ecosistema en constante cambio y tiene una enorme importancia para la vida a su alrededor. Los lagos son esas masas de agua que en el interior de los continentes parecen como diminutos mares y que comparten con ellos algunas características comunes.

EL RÍO

A veces se les compara a las venas de la naturaleza y no sin razón, puesto que el **agua** que llevan realiza una función equivalente a la que tiene la **sangre** en nuestro cuerpo. Así como las venas llegan hasta las células para alimentarlas con **nutrientes** y **oxígeno**, el río y sus afluentes se extienden por el terreno y aportan el agua necesaria para la vida. A su alrededor puede crecer la vegetación y a él acuden muchos animales para beber. Además, el interior de sus aguas alberga una rica fauna y flora.

CUENCA

Es el conjunto de todos los cursos de agua que acaban en un mismo río. Las distintas cuencas están separadas por grandes accidentes geográficos (montañas, desiertos, etc.).

Los ríos son un excelente indicador del buen estado de los ecosistemas que hay a su alrededor.

LAS ZONAS DEL RÍO

Curso	Condiciones	Fondo	Vegetación	Fauna
Alto	corriente alta, temperatura baja	rocas y cantos rodados	muy escasa o nula	buenos nadadores o sujetos al fondo
Medio	corriente media, temperatura media	piedras y arenas	agrupada en remansos	nadadores medianos
Bajo	corriente lenta, temperatura alta	arena y lodo	muy abundante	poco nadadores o flotantes

El río más largo del mundo es el Amazonas, con 7.025 km de longitud. Cruza prácticamente de lado a lado América del Sur.

PARTES DE UN RÍO

curso alto

curso medio

curso bajo

LAS PARTES DEL RÍO Y SUS POBLADORES

Al río se le puede dividir en partes según su estructura física o según sus moradores, aunque estos últimos dependen básicamente de las condiciones físicas que el río presente en cada tramo. En la parte inicial, el río tiene poco caudal pero su pendiente suele ser pronunciada, así que los animales y las plantas que vivan en él deben adaptarse a unas temperaturas frías, una corriente muy intensa y un sustrato que suele ser de grandes piedras. Esas condiciones van atenuándose a medida que se llega hacia el final, la desembocadura. Aquí el caudal es máximo, pero la corriente es mucho menor y en el sustrato predominan los lodos y las arenas.

CAUDAL

Es la cantidad de agua que circula por un río. Se mide en unidades de volumen (p. ej., m^3) por unidad de tiempo (p. ej., segundos). El Amazonas tiene, en su desembocadura, un caudal medio de 200.000 m^3/segundo.

EL LAGO

Se trata de **ecosistemas** relativamente modernos, pues su duración es corta a escala del planeta. Son masas de aguas quietas o con muy escasa **corriente**, cuando las atraviesa un río, que ocupan depresiones naturales del terreno. Algunos nacen en antiguos **cráteres** volcánicos que la lluvia ha acabado por rellenar, otros en hundimientos del terreno o en las depresiones dejadas por los **glaciares**. En algunos aspectos son parecidos a los mares, sobre todo en la división de sus distintas zonas dependiendo de la profundidad. Desempeñan también un papel ecológico muy importante, sobre todo en las regiones áridas.

EL LAGO TITICACA

Aunque está situado a 3.812 m de altitud en una zona árida del altiplano andino, la gran extensión del lago Titicaca (8.340 km²) ejerce cierta influencia sobre el clima del territorio próximo, haciendo posible el cultivo de especies agrícolas que no se dan en el resto del altiplano.

LA VIDA EN LAS AGUAS DULCES
(algunas especies típicas de distintos lugares del planeta)

Lugar	Vegetación	Invertebrados	Vertebrados
Río: curso alto	árboles en la orilla	cangrejos, algunos insectos	martín pescador, trucha
Río: curso medio	árboles en la orilla, cañaverales	cangrejos, bivalvos, larvas de insectos	barbos, pirañas, nutrias, ranas, tortugas, cocodrilos, hipopótamos, patos
Río: curso bajo	árboles en la orilla, cañaverales, plantas sumergidas	bivalvos, gusanos, larvas de insectos	anguilas, peces eléctricos, platijas, delfines de río, garzas
Lago de llanura	árboles en la orilla, cañaverales, plantas sumergidas	larvas de insectos, gusanos	barbos, tilapias, patos, garzas

Los lagos en general, aunque sobre todo los de grandes dimensiones, atenúan los rigores climatológicos de la zona en que se encuentran.

 El mayor lago del mundo es el mar Caspio, de 371.000 km², pero es un lago de agua salada.

DULCE Y PROFUNDO

El mayor lago de agua dulce del mundo es el Lago Superior, en América del Norte, de 82.100 km². El lago más profundo del mundo es el Baikal, en Siberia, que alcanza 1.620 m de profundidad.

EL LAGO, SUS ZONAS Y SUS HABITANTES

De manera parecida a como sucede en el mar, en el lago podemos ver varias zonas desde la orilla hasta el fondo. Existe una escala de vegetación que va desde los árboles que crecen en tierra firme o semisumergidos en algunos casos, hasta las plantas que tienen sus raíces en el fondo y que pueden vivir también completamente sumergidas. En cada una de estas zonas encontramos animales diferentes. Hay especies adaptadas a las zonas de aguas estancadas o escasa corriente y que encontramos en los lagos pero no en los ríos.

LA VIDA EN UNA LAGUNA

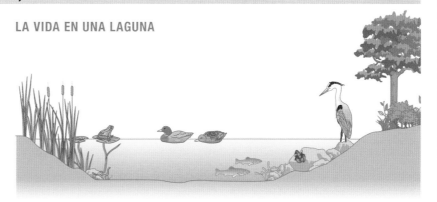

BOSQUES Y SELVAS

Los ecosistemas forestales son mucho más que una simple acumulación de árboles. Son comunidades en las que conviven plantas y animales en un perfecto equilibrio. Según las regiones del planeta donde se desarrollan, estos ecosistemas forestales adoptan formas muy diversas, desde la **taiga** de las regiones frías hasta las **selvas** y **junglas** tropicales.

LA TAIGA

Es una formación forestal que constituye una extensa franja por las latitudes altas del **hemisferio norte**, con temperaturas invernales muy bajas y un verano relativamente corto. En ella dominan casi exclusivamente las **coníferas** (abetos, pinos) y sólo aparecen árboles caducifolios a la orilla de los lagos. Salvo unos pocos animales que permanecen todo el año en la taiga, la mayoría **emigra** en otoño hacia latitudes más bajas.

Alce.

Los animales que habitan la taiga están adaptados a la crudeza de su clima.

La taiga alcanza en Siberia su máxima amplitud, con una anchura de 1.000 km y una longitud de 4.800 km.

EL BOSQUE TEMPLADO

Se extiende por las **regiones templadas** de ambos hemisferios, con cuatro estaciones bien definidas. Se le llama también bosque de **caducifolios** porque los árboles que dominan en él son los de hoja plana, o caduca, como hayas, abedules, tilos, robles, avellanos, olmos, etc. El **sotobosque** es muy rico (fresales, arándanos, brezos, azucenas, etc.). Todo ello hace que abunde el alimento vegetal, por lo que permite la existencia de una fauna rica y variada (ciervos, osos, zorros, lobos, corzos, tejones, lirones, urogallos, águilas, milanos, ranas, salamandras, hormigas, mariposas, etc.).

Urogallo.

HABITANTES DE LA TAIGA

Algunos de los más característicos habitantes permanentes de estos bosques son búhos reales, alces, tigres siberianos, glotones, martas, ardillas, azores, etc.

Azor.

El bosque de caducifolios americano tiene más diversidad que el eurasiático porque las montañas americanas están orientadas de norte a sur y facilitan la migración de las especies.

El hayedo del valle de Ordesa (España) es un buen ejemplo de bosque templado.

EL BOSQUE MEDITERRÁNEO

Es un bosque con árboles de hojas coriáceas y **persistentes** durante todo el año (encinas, alcornoques, olivos), que resiste bien la **sequía** estival. Se llama así porque es característico de la región mediterránea, pero también existe en Sudáfrica y en latitudes medias de las costas orientales de América del Norte y del Sur. Entre algunos de sus pobladores están los jabalíes, zorros, conejos, linces y buitres.

El alcornoque, característico del bosque mediterráneo, se diferencia de la encina por la corteza, que es gruesa y ligera, y que constituye el corcho.

LA DEHESA

Se trata de un bosque claro de encinas, donde se alternan los prados y los árboles. Aunque es de origen humano, es un ecosistema muy importante para la fauna.

Jabalí.

Conejo.

LA SELVA AMAZÓNICA

Es una selva de árboles de **hoja ancha** siempre verdes, con una gran humedad ambiental y que alberga una de las mayores concentraciones de especies del planeta. Forma un enorme dosel bajo el cual se mantiene un **microclima** uniforme todo el año. Abundan las especies de maderas preciosas, así como los helechos, las orquídeas y las plantas trepadoras. Serpientes, tucanes, colibríes, papagayos, pirañas, caimanes, jaguares, tapires, anacondas y muchos más son sus pobladores animales.

Tucán.

FRAGILIDAD DEL ECOSISTEMA

Las **selvas tropicales** son los principales pulmones de la Tierra, pero también unos ecosistemas muy sensibles a los cambios y cualquier alteración los puede destruir de manera irreversible.

La selva amazónica ocupa una superficie de unos 7 millones de kilómetros cuadrados.

LA SELVA MONZÓNICA

Se parece a la selva amazónica pero crece en el sudeste asiático. El clima de esta región no es uniforme: hay que distinguir una **época húmeda** (las lluvias de los **monzones**) y otra seca. Por lo tanto, la vegetación se adapta también para superar estos cambios. Cuenta entre sus pobladores con serpientes, tigres, leopardos, panteras, faisanes, gibones, orangutanes, rinocerontes, etc.

La obtención de madera y los incendios forestales han hecho desaparecer una gran parte de la selva monzónica.

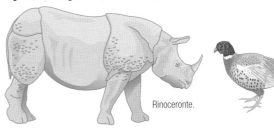

Faisán.

Rinoceronte.

EL MANGLAR

Se trata de un ecosistema muy particular, formado por un bosque que crece sobre el agua en zonas **costeras tropicales** y **subtropicales**. Los árboles que lo forman y le dan nombre son los **mangles**, que tienen raíces zancudas que les permiten ir ganando terreno al mar. Es un medio donde se combinan la vida marina (peces, cangrejos, etc.) con la terrestre (monos, aves).

Cangrejo.

En el manglar vive una fauna exuberante y, principalmente, anfibia.

PECES PULMONADOS

Son un grupo especial de peces capaces de respirar aire atmosférico. Eso les permite desplazarse por las ramas de los árboles del manglar y por terrenos húmedos.

LAS GRANDES LLANURAS HERBÁCEAS

Un tipo de formación vegetal muy extendido es el constituido por las gramíneas. Son hierbas que alcanzan distinta altura dependiendo del clima y que en los terrenos llanos dan lugar a ecosistemas muy característicos como son las **sabanas** africanas, los **llanos** y las **pampas** sudamericanos, la **estepa** eurasiática o la **pradera** norteamericana. Es un mundo ideal para los grandes herbívoros y los cazadores alados. La vista es un órgano importante en este medio y la velocidad en la carrera una cualidad importante para cazar o no ser cazado.

LA SABANA AFRICANA

Es uno de los paisajes más conocidos y popularizados. Hay dos tipos de sabana, la propiamente **herbácea** y la **arbustiva**, donde aparecen grandes extensiones de arbustos. En ambos casos, también crecen grandes árboles aislados o formando pequeños agrupamientos. La climatología se caracteriza por temperaturas medias elevadas y la alternancia de dos épocas, una **estación seca** y otra de **lluvias**. Esto hace que cuando los pastos se agotan, muchos de los herbívoros tengan que **emigrar** a otras zonas (como los ñus).

Jirafa.

Búfalo.

Árboles característicos de la sabana africana son las acacias y los gigantescos baobabs.

La sabana africana durante la estación seca.

La cantidad total de lluvia al año en la sabana es de unos 700 mm.

HABITANTES CARACTERÍSTICOS DE LA SABANA

cazadores	león, guepardo, leopardo, hiena, licaón, águilas
presas	elefantes, jirafas, gacelas, ñus, antílopes, cebras, avestruces, búfalos, papiones, babuinos

LOS LLANOS Y PAMPAS DE SUDAMÉRICA

Aspecto de la pampa argentina, con las estribaciones meridionales de los Andes al fondo.

En la parte septentrional de Sudamérica existen grandes extensiones llanas donde las elevadas temperaturas medias a lo largo de todo el año y las lluvias favorecen el desarrollo de la vegetación herbácea. Se distinguen también dos épocas, una **estación seca** y otra **lluviosa**. En el otro extremo del continente, en el tercio meridional, al este de los Andes, se extienden las **pampas**, que son grandes praderas de clima templado, con predominio de las gramíneas de bajo porte. Hay un régimen de cuatro estaciones y atendiendo a las precipitaciones se distinguen la **pampa seca** y la **pampa húmeda**.

Ñandú.

Armadillo.

En los llanos, la temperatura media anual oscila entre 25 °C y 28 °C y las precipitaciones son de unos 1.500 mm anuales.

HABITANTES CARACTERÍSTICOS DE LAS PAMPAS Y LLANOS

llanos	murciélagos, harpía, pécari, ciervo mulo, jaguar, anaconda, armadillos, capibara, zorro de monte, chajas, caracarás
pampas	vizcacha, lobo de crin, tucotuco, mara, ñandú, tinamúes, horneros

En la pampa, la temperatura media anual es de unos 16 °C y las precipitaciones anuales oscilan entre los 400 mm (pampa seca) y 1.000 mm (pampa húmeda).

LA ESTEPA EURASIÁTICA

Constituye una extensa franja de terreno que va desde Europa Oriental hasta el extremo oriental de Asia. Se encuentra situada al sur del bosque de **caducifolios** y antecede a las regiones desérticas centroasiáticas. El clima es de tipo **continental**, con inviernos fríos y veranos muy calurosos. Hay un dominio absoluto de las gramíneas y prácticamente ausencia total de árboles. Según la mayor o menor cantidad de lluvias se distinguen la pradera alta, la mixta y la baja. En muchas zonas ha sido transformada en el curso de los siglos en cultivos de cereales.

Marmota.

Chacal.

HABITANTES CARACTERÍSTICOS DE LA ESTEPA

cazadores	lobo, chacal, águila
presas	hámster, suslik, ratones, marmota, saiga, sisón, avutarda

Aspecto de la estepa siberiana, en la República Autónoma de Khakassia.

PRECIPITACIONES Y TEMPERATURA

La estepa eurasiática alcanza una longitud de unos 4.000 km. En ella, las precipitaciones anuales oscilan entre los 300 mm y los 1.000 mm. Mientras que en verano se superan los 30 ºC, en invierno se llega a los –30 ºC.

LA PRADERA NORTEAMERICANA

Bisontes junto a un lago de la pradera norteamericana.

Tejón.

Se trata de una formación muy similar a la **estepa eurasiática**, aunque con una mayor riqueza botánica. Se extiende desde el centro de Canadá hasta el norte de México. En la actualidad sólo queda inalterada en algunas **reservas** y **parques nacionales**, pues gran parte se ha transformado en pastos ganaderos y cultivos de cereales. Sin embargo, a diferencia de la estepa eurasiática, el cambio ha sido tan rápido que la fauna no se ha podido adaptar y gran parte ha desaparecido.

PRECIPITACIONES Y TEMPERATURA

Las precipitaciones anuales en la pradera norteamericana oscilan entre los 250 mm y los 1.200 mm. Mientras que en verano se superan los 30 ºC, en invierno se llega a los –30 ºC.

HABITANTES CARACTERÍSTICOS DE LA PRADERA

cazadores	lobo, chacal, águila
presas	bisonte, perrillo de las praderas, berrendo, gallo de las praderas, tejón

Lobo.

LOS MEDIOS ÁRIDOS

Bajo este nombre se designan todos aquellos **eco-sistemas** en los que la escasez de **agua** es una de sus principales características. Por consiguiente, el ejemplo más claro de este tipo de medios son los **desiertos**, tanto fríos como cálidos. Sin embargo, incluiremos también otros en los que puede existir agua, incluso en abundancia, pero que está en forma no utilizable por las **plantas** por lo que el resultado final es el mismo. En este tipo de medios se incluyen la **tundra** y las **regiones polares**.

LOS DESIERTOS CÁLIDOS

Son enormes extensiones de terreno desprovisto casi o totalmente de vegetación, donde las **temperaturas** medias son muy elevadas, aunque durante las noches pueden bajar bastante, y con **precipitaciones** muy escasas, que a menudo caen sólo cada cierto número de años. Esto hace que la vida vegetal se reduzca a unas cuantas plantas capaces de resistir la sequía y que brotan y crecen en los pocos días de lluvia, o bien a las que crecen en los **oasis**.

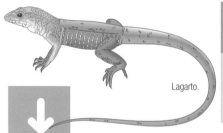

Lagarto.

El desierto del Sahara ocupa 9.100.000 km^2 de superficie.

Los desiertos norteamericanos se caracterizan por su gran riqueza de cactus, algunos gigantescos como los saguaros.

OASIS

Son puntos del desierto situados sobre un acuífero y en los que el agua llega a la superficie, permitiendo el desarrollo de una vegetación abundante.

En los desiertos, como en éste de Libia, las manifestaciones de vida son muy escasas.

ALGUNOS POBLADORES CARACTERÍSTICOS DEL DESIERTO

Desiertos africanos	dromedario, oryx, gacelas, lagartos, gangas, ortegas, zorro, gato del desierto, saltamontes, lince caracal, halcón
Desiertos norteamericanos	ardillas de las rocas, monstruo de Gila, serpiente de cascabel, correcaminos, lince rojo, zorro kit, gerbos

SAHEL

Franja de unos 200 a 600 km de ancho y 5.500 km de longitud situada al sur del Sahara, donde se dan condiciones semidesérticas.

LOS DESIERTOS FRÍOS

La principal diferencia de este tipo de desiertos con los anteriores es la **temperatura media** anual, que es mucho más baja. Durante el invierno pueden alcanzarse los –30 ºC, aunque en verano puede hacer un calor tórrido. Sin embargo, las **adaptaciones** de la fauna son similares; así, muchos animales viven bajo tierra para protegerse de la temperatura (alta o baja) y sólo salen en busca de alimento. Otros, como los **camellos**, se dotan de un denso pelaje invernal para resistir el frío, perdiéndolo al llegar el verano.

Caravana de camellos en las dunas de Khongoryn (Mongolia), en el desierto de Gobi.

El desierto de Gobi ocupa una superficie de unos 2.000.000 km^2.

ANIMALES DEL DESIERTO

Muy característicos de la fauna de los desiertos centroasiáticos son el camello bactriano (de 2 jorobas) y la gacela de Mongolia. Otros, como el lobo o el halcón, proceden de las estepas circundantes.

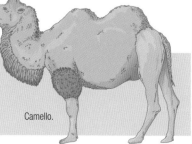

Camello.

DUNAS

Son acumulaciones de arena formadas por el viento cuando al arrastrarla encuentra un obstáculo.

LA TUNDRA

Está formada por grandes extensiones de terrenos llanos donde el suelo, a partir de una determinada profundidad, permanece siempre helado. Esto hace que al deshelarse durante el verano la capa superficial, se formen extensos aguazales. La capa de suelo es muy pequeña y, por lo tanto, sólo pueden crecer **musgos**, **líquenes** y algunas **hierbas**. Este medio es ideal para las **aves acuáticas**, que acuden por millones a criar en esta región. Las plantas acuáticas germinan y producen fruto en muy poco tiempo y los insectos completan su ciclo también con rapidez, así que existe una gran abundancia de alimento.

Ánade real.

PERMAFROST

Recibe este nombre la porción de suelo que permanece helada todo el año.

→ La tundra se extiende por el extremo septentrional de América del Norte y Eurasia, y cuenta con una pequeña representación en el extremo meridional de Sudamérica.

La vegetación de la tundra es muy pobre, aunque muy resistente a los rigores climáticos.

↓ La Antártida tiene una superficie de 14.400.000 km^2.

LAS REGIONES POLARES

Los dos extremos de la Tierra, los **polos**, constituyen las regiones polares. Durante el invierno la noche llega a durar 24 horas y durante el verano es el día el que dura 24 horas. Las temperaturas son muy bajas y sólo en verano se deshiela una pequeña parte del **hielo**. Las precipitaciones son escasas (o nulas en algunos puntos de la Antártida), pero suficientes para aportar la nieve necesaria. Una diferencia importante es que el polo norte, el **Ártico**, es un casquete de hielo que flota sobre el mar, mientras que el polo sur, la **Antártida**, es un continente cubierto de una gruesa capa de hielo.

Pájaro bobo (o pingüino).

Gaviota.

VEGETACIÓN ANTÁRTICA

En algunos puntos libres de hielo, crecen musgos y líquenes.

Los hielos de la Antártida cubren un continente, a la inversa de los del Ártico, bajo los cuales no hay tierra firme.

En el Ártico no existen condiciones para el establecimiento de asentamientos humanos. Sólo en la zona del círculo polar ártico es posible la existencia de pequeños pueblos pesqueros.

↓ El Océano Glacial Ártico tiene una superficie de unos 14 millones de kilómetros cuadrados y alcanza una profundidad máxima de 5.449 m.

FAUNA TÍPICA DE LA ANTÁRTIDA

aves	pájaros bobos, gaviotas, charranes
mamíferos	focas, elefante marino, leopardo marino, ballenas

FAUNA TÍPICA DEL ÁRTICO

aves	gaviotas, charranes
mamíferos	oso blanco, focas, morsas, ballenas

LAS MONTAÑAS Y TIERRAS ALTAS

Los ecosistemas de altura, a partir de una cierta altitud, suponen en general un gran esfuerzo para los seres vivos, que han de adaptarse a una menor cantidad de oxígeno en el aire, temperaturas más bajas y, en el caso de las montañas, a un relieve agreste.

Estas dificultades han dado lugar a una flora y una fauna especializadas, pero también han convertido a muchos de estos medios en un lugar de refugio para muchas especies amenazadas en otros lugares por la presión humana.

LA MONTAÑA

Las montañas surgen a consecuencia de un **plegamiento** de la corteza terrestre. Dependiendo del lugar donde aparecen, del grado de la **pendiente** y de la **altura** que alcancen, pueden separar de modo infranqueable regiones enteras del planeta. Ésta es una de las funciones ecológicas principales de las montañas, actuar como **barrera geográfica** que impide la dispersión de muchas especies. Otra función importante es que constituyen un ecosistema con unas condiciones distintas a las que imperan a su alrededor.

 Hay 14 picos de más de 8.000 m de altura y todos ellos se encuentran en el gran macizo del Himalaya. Apenas hay siete u ocho personas en el mundo que hayan ascendido a todos ellos.

La cumbre del Cotopaxi, un volcán activo de los Andes ecuatorianos, de 5.943 m, y con nieves perpetuas a partir de los 5.000 m.

BARRERA GEOGRÁFICA

Cualquier obstáculo insalvable para una especie y que impide su dispersión. Favorece la especiación de grandes grupos botánicos o zoológicos.

DISTRIBUCIÓN DE LA VEGETACIÓN

A medida que se asciende desde el valle a la cumbre, se van encontrando distintos tipos de **vegetación**. Así, después de los prados se pasa a los bosques de **caducifolios**, que son sustituidos después por **coníferas**, más resistentes al frío. El último piso lo ocupan los prados, separados del bosque por una zona de matorral, pues los árboles ya no pueden crecer a esa altura. El límite para la vegetación lo marca la línea de las nieves perpetuas, donde se extienden a veces los **glaciares**.

LAS PRINCIPALES MONTAÑAS DEL MUNDO

África	Kilimanjaro (Tanzania)	5.895 m
América del Norte	McKinley (Alaska, EEUU)	6.050 m
América Central y del Sur	Aconcagua (Argentina)	6.959 m
Asia	Everest (Nepal)	8.848 m
Europa	Montblanc (Francia)	4.807 m
Oceanía	Wilhelm (Australia)	4.508 m

PISO ALTITUDINAL

Cada una de las franjas de vegetación características a determinada altura en una montaña.

La temperatura en la montaña disminuye, con respecto a la de la región circundante, aproximadamente 1 °C por cada 150 m de altura.

Los pisos altitudinales de las montañas equivalen, a grandes rasgos, a las distintas latitudes del planeta.

nieves perpetuas
prados alpinos
matorral
bosque de coníferas
bosque de caducifolios
praderas arboladas

polos
tundra
taiga
bosque templado
bosque mediterráneo
sabanas

MESETAS Y ALTIPLANOS

Las **mesetas** altas y las grandes llanuras situadas a altitud elevada entre montañas reúnen las características propias de la montaña, como son la disminución del oxígeno y el descenso de la temperatura, así como las que encontramos en las llanuras, es decir, la ausencia de grandes relieves. Suelen ser regiones con pocas precipitaciones, por lo que la vegetación es casi siempre de un tipo similar a la **estepa** o la **tundra**.

En el altiplano andino se encuentran algunas de las regiones más secas del planeta, como el desierto de **Atacama**. Tiene más de 130.000 km^2 y una altitud media de 600 m.

ALTIPLANO ANDINO

Es el conjunto de tierras altas situadas entre los 3.600 y los 4.000 m de altura en los Andes. En la región septentrional se llama **páramo** y en la meridional, **puna**.

Entre Bolivia y Perú, en el altiplano andino, a casi 4.000 m de altitud, se encuentra el inmenso lago Titicaca.

La sequedad de estas regiones se debe principalmente al efecto de pantalla causado por las cadenas montañosas que las rodean, que impiden la llegada de las nubes cargadas de humedad.

MESETA TIBETANA

Es un extenso territorio inclinado, de unos 1.200.000 km^2, que va desde los 2.700 m en su zona más baja hasta los 5.000 m en la más elevada. La vegetación y la fauna van empobreciéndose a medida que se aumenta de altitud.

Tanto en las montañas como en las altas mesetas, la radiación solar es más intensa (pues es menor la capa de aire intermedia) y eso favorece la aparición de mutaciones. En la fotografía, la meseta tibetana.

LAS VÍAS DE LA CONTAMINACIÓN

Contaminar un medio significa añadir algún elemento o materia que rompe el funcionamiento natural del ecosistema, y que, por lo tanto, los seres vivos que lo forman se ven afectados por ello de una u otra forma. Existen tres maneras básicas de contaminación de un medio: acumular materia que no se degrada, introducir alguna sustancia que resulta venenosa para los seres vivos que habitan en él y, por último, añadir demasiados nutrientes.

NO DEGRADABLE, DESAGRADABLE

Cuando un material no se integra dentro del ciclo natural porque los organismos vivos no pueden aprovecharlo, se dice que no se degrada. De este modo va acumulándose en el medio y ocupando el espacio disponible. Es lo que sucede en el caso de los plásticos o los neumáticos. Por ejemplo, una bolsa en el suelo de un bosque o una pradera no permite que ninguna planta crezca debajo, porque no deja pasar la luz ni el aire.

METALES PESADOS

Son productos secundarios de la industria que resultan tóxicos para los seres vivos y actúan en los ecosistemas como si fueran un veneno.

La acumulación de muchos plásticos podría evitar el crecimiento normal de un bosque.

Cuando se utilizan venenos para matar ratas, se corre el peligro de que estos productos tóxicos se acumulen en tal cantidad en el cuerpo del roedor, que los gatos, zorros o búhos al comerlos también se envenenen.

 En el caso de tener que utilizar venenos, siempre se deberían escoger aquellos que no se acumulen en la naturaleza.

BIODEGRADABLE

Reciben este nombre todas las materias o productos que pueden degradarse de manera natural.

Las tortugas marinas confunden las bolsas de plástico con las medusas que comen y se las tragan. Una vez en el interior del tubo digestivo lo taponan y no permiten el paso de otros alimentos. La tortuga acaba muriendo de hambre.

TÓXICOS

Los insecticidas, herbicidas y otros venenos son productos químicos que se utilizan para matar a aquellos animales, hongos y plantas que nos molestan por alguna causa, como una plaga de pulgones en nuestro jardín. Sin embargo, estos elementos que matan a los pulgones también son tóxicos para otros seres vivos del medio, por ejemplo para las mariquitas que se alimentan de los pulgones y para los pájaros que se alimentan de las mariquitas. De este modo, los venenos van pasando de un animal a otro en la cadena alimentaria, afectando cada vez a más seres vivos.

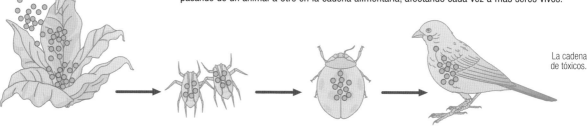

La cadena de tóxicos.

LA CONTAMINACIÓN CON NUTRIENTES

Es un tipo de contaminación en el que se enriquece demasiado el medio con productos que aprovechan los vegetales para crecer. Generalmente se produce por un exceso de fósforo y de nitrógeno, que son los elementos que se suelen utilizar en los abonos para que los cultivos produzcan más. Si se añade demasiado nitrógeno o fósforo al medio natural, se rompe el equilibrio entre los organismos y los vegetales crecen en exceso. Si es en un lago, crecen tanto las algas, que se agota el oxígeno y mueren los animales.

En este lago hay tantos nutrientes que ha crecido una cantidad excesiva de algas, dándole el color verde al agua.

Los productos que más producen eutrofización son los detergentes y los abonos porque tienen una gran cantidad de fósforo y nitrógeno.

EUTROFIZACIÓN

Se denomina así al exceso de nutrientes en un medio (generalmente acuático) que provoca un exceso de desarrollo vegetal.

ESPECIES EXÓTICAS

Aunque no puede considerarse como una contaminación propiamente dicha, la introducción de especies exóticas en un ecosistema puede resultar extremadamente perjudicial. En la mayoría de casos, los organismos son incapaces de vivir en un medio extraño al suyo propio; sin embargo, en ocasiones alguna especie es capaz de adaptarse y entonces suele ocupar el mismo nicho ecológico que las especies autóctonas, por lo que éstas salen claramente perjudicadas. Cuando es un depredador, muchas veces las especies autóctonas no tienen mecanismos de defensa frente a él.

La introducción del conejo en Australia provocó un desastre porque compitió con ventaja con los marsupiales por el alimento.

Cuando se suelta un animal exótico (p. ej., un pájaro) en un lugar que no corresponde, podemos causar un grave daño en la naturaleza.

Los pescadores introducen a veces peces de interés deportivo que acaban haciendo desaparecer a los peces propios de la zona.

LA ECOLOGÍA DE CAMPO

La ecología es una de las ciencias más complejas, tanto desde el punto de vista teórico como práctico, pues es multidisciplinar, es decir, que engloba la física, la química, la zoología, la botánica, la meteorología, y multitud de otros campos científicos. Existen numerosas técnicas utilizadas para obtener información de los ecosistemas, de su productividad, relación entre habitantes, explicaciones del comportamiento de las especies, etc. Algunas de estas técnicas son tan sencillas como la simple observación, mientras que en otros casos se deben realizar complicadas mediciones.

ALGUNOS INSTRUMENTOS INDISPENSABLES

En el estudio de los ecosistemas existen una serie de parámetros que nunca deben dejarse de lado. En primer lugar deberíamos situar en el espacio el ecosistema en el que estamos trabajando. Para ello necesitamos como mínimo un mapa y, a ser posible, una brújula. Otro instrumento bastante importante es el termómetro, ya que la temperatura es uno de los párametros que más influye en el comportamiento de los seres vivos. La lista de herramientas que se pueden utilizar para estudiar la naturaleza es inacabable.

El trabajo de campo es uno de los más atractivos y sorprendentes. Un grupo bien dirigido y equipado puede hacer comprobaciones y descubrimientos muy interesantes.

El uso de instrumentos precisos es necesario para obtener datos que den valor científico a los estudios. En la fotografía, observando aves acuáticas desde un refugio camuflado.

En los parques nacionales, reservas naturales, etc., está prohibido tocar o llevarse minerales, plantas o animales. En la fotografía, el Porcelain Bassin, en el Yellowstone National Park (Wyoming, EEUU).

Instrumento	Utilidad
Prismáticos	Observar animales y paisajes.
Brújula	Situarse en el espacio.
Altímetro	Conocer la altitud.
Cinta métrica	Realizar mediciones de longitud.
Cajas o bolsas	Recogida de muestras.
Lupa de mano	Observar detalles.
Mapa	Situarse en el medio físico, altitud, latitud, inclinación del terreno, distancias, etc.
Navaja u otro objeto cortante	Abrir frutos, pequeños animales, etc.
Reloj, cronómetro	Situarse en el tiempo, calcular tiempos.
Guías de campo	Clasificar los elementos del ecosistema (seres vivos, piedras, tipos de suelo, etc.).
Termómetro	Conocer la temperatura.
Barómetro	Conocer la presión.
Microscopio	Observar los microorganismos.
Cuaderno y lápiz	Anotar datos, hacer dibujos, etc.
Cámara fotográfica	Obtener imágenes.
Ordenador	Almacenamiento de datos.

EXPERIMENTACIÓN

En ecología es realmente difícil realizar experimentos, ya que los ecosistemas son muy grandes y dependen de tantas cosas que es dificilísimo reproducir condiciones naturales en un laboratorio de forma controlada. Por ello, cada práctica realizada para estudiar algún elemento del ecosistema puede definirse como un invento. Los resultados deben someterse a complicados cálculos matemáticos y estadísticos, aunque también hay otros muy sencillos que permiten reproducir los fenómenos de la naturaleza.

CONSERVAR LA NATURALEZA

Cuando estudies la naturaleza no debes destruirla. Nunca recogerás plantas protegidas ni animales en peligro, ni tampoco si estás en un área protegida.

En esta experiencia se ha intentado crear un ecosistema aislado del exterior, ajustando las condiciones ambientales de diversos medios (selva, desierto, etc.).

LA RESPIRACIÓN DE LAS PLANTAS

Uno de los experimentos más clásicos en ecología (en la rama de la fisiología vegetal) es la demostración de que las plantas generan **oxígeno** durante la **fotosíntesis**. Existen varios métodos. Uno de los más utilizados es el de colocar una planta acuática en el interior de una pecera y cubrirla con un vaso colocado al revés y sin que contenga ni una burbuja de aire. Déjalo un día entero a la luz. Podrás ver que se ha formado una burbuja, que contiene oxígeno. Repite el mismo experimento, pero esta vez dejándolo en la oscuridad. No se forma la burbuja de aire, porque sin luz no se realiza la fotosíntesis.

día

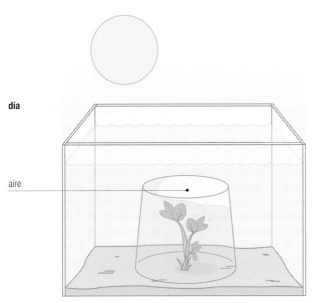

aire

noche

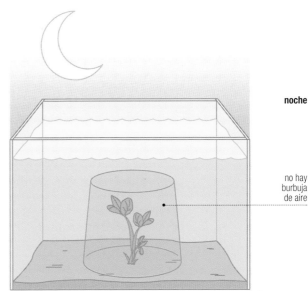

no hay burbuja de aire

En el experimento mostrado puedes medir el volumen de aire creado por la planta (multiplica el área de la base del vaso por la altura alcanzada por la burbuja).

Calcula tres veces seguidas los mismos valores. Encontrarás pequeñas diferencias en el resultado. Cuanto más cuidado pongas en las mediciones, más parecidos serán los resultados.

PREPARACIÓN DE UN HERBARIO

Una de las bases del estudio de los ecosistemas es tener un censo de los seres vivos que lo pueblan. Un herbario recoge un listado de las plantas de un determinado lugar y es una buena manera de comenzar a conocer a fondo el medio que nos rodea, ya que nos obliga a realizar numerosas excursiones al mismo, lo cual siempre es mucho más formativo que la simple información de un libro.

Es preciso acudir al campo con una carpeta grande y un buen número de hojas de periódico. Al encontrar una planta que nos interese (mejor llevar una guía de identificación) debemos arrancarla o cortar un trozo (en caso de plantas grandes) y colocarla bien entre las hojas de papel, con anotaciones de qué especie es y cuándo, dónde y en qué condiciones se ha recolectado. Una vez en casa debemos guardarla algunos días con algún peso encima (unos libros pueden servir). Cuando por fin la planta ya está seca, podemos colocarla en un álbum de fotos con todas las explicaciones.

Algunos herbarios pueden llegar a ser verdaderas obras de arte. En los jardines botánicos se muestran herbarios muy importantes de los siglos XVIII y XIX que se emplearon para establecer los sistemas de nomenclatura botánica.

Recogiendo muestras para el herbario.

ESTUDIO DE LA FAUNA

En el caso de estudiar la fauna es mejor confeccionar un cuaderno de campo con dibujos y fotografías de las distintas especies del lugar, puesto que sería una pena matarlos y disecarlos para guardarlos en una vitrina.

SEÑALES INDIRECTAS

En los estudios de campo, a menudo el investigador debe confiar en señales que demuestran la presencia de un determinado ser vivo aunque no pueda verlo directamente. Por ejemplo, si se quiere censar una población de animales difíciles de ver por cualquier razón, es importante conocer las señales que dejan en el medio, como deyecciones, nidos, entradas de guaridas, plumas, huellas, restos de comida, etc. Debes tener en cuenta que tu presencia asusta a muchos animales, que intentarán que no les veas.

Si te interesa una planta protegida o estás en un área protegida es mejor (y obligatorio) sustituir la planta física por una fotografía.

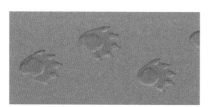

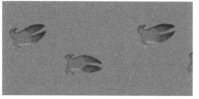

Las huellas son una de las mejores evidencias de la presencia de los seres vivos en el medio. Incluso se pueden conocer características de organismos fósiles estudiando sus huellas. El único inconveniente es que es una disciplina complicada y hay poca gente que realmente pueda identificar el animal al que pertenecen unas huellas concretas.

A la izquierda, guarida de tejón; a la derecha, excrementos del mismo animal.

En el estudio de las aves rapaces se puede determinar la alimentación recolectando y analizando sus egagrópilas. Son una especie de pelota que regurgitan tras haber comido una presa y que están formadas por aquellas partes del animal que no han podido digerir, como el pelo y los huesos.

BUQUES OCEANOGRÁFICOS

Para el estudio de los medios marinos existen barcos-laboratorio que están provistos de maquinarias, instrumentos y equipos muy especializados para la investigación. En ellos viajan científicos de diferentes disciplinas, que han de trabajar coordinados para que el fruto de las investigaciones sea realmente bueno. Por lo general, la principal misión de estas expediciones es obtener muestras que luego se analizarán en universidades y centros de investigación marina.

Barco de investigaciones marinas.

JACQUES COUSTEAU

Ha sido uno de los mayores investigadores marinos (1910-1997) de todos los tiempos. Ingeniero de profesión, ideó numerosos sistemas de acceso a los fondos marinos (escafandra autónoma, etc.) y, junto con su equipo, realizó innumerables inmersiones en las que descubrió nuevos aspectos de este medio tan inaccesible.

El *Hespérides* es un barco de investigaciones marinas español que ha realizado varias expediciones a la Antártida.

¿POR QUÉ SON IMPORTANTES LAS MATEMÁTICAS EN ECOLOGÍA?

La ciencia se basa en datos cuantificables. Por ejemplo, en física se sabe que el agua se congela a 0 °C y que hierve a 100 °C; en química se sabe que un átomo de oxígeno se une a dos de hidrógeno para formar una molécula de agua, etc. Sin embargo, en el estudio de las poblaciones no existe la certeza de que se mantendrán estáticas, pueden permanecer en equilibrio, crecer o disminuir según las condiciones. Tampoco se sabe con certeza cuándo se producirá un huracán, qué fuerza tendrá y por dónde pasará. Sin embargo, sí existe una pauta repetitiva en estos fenómenos. Ello permite que estudiando los mismos parámetros una y otra vez en el tiempo se puedan realizar ciertas predicciones y se pueda hacer un modelo de cómo funciona un ecosistema.

Muchos fenómenos de la naturaleza se pueden predecir, como un huracán, pero ni mucho menos con exactitud su comportamiento.

MODELO DE VOLTERRA

El físico italiano Vito Volterra estudió el comportamiento de las poblaciones de depredadores y de presas en los ecosistemas y creó un modelo numérico que demuestra que cuando los herbívoros se expanden al cabo de un cierto tiempo también lo hacen los carnívoros.

En la actualidad se pueden aplicar multitud de tecnologías modernas para el estudio de la naturaleza. Uno de los más avanzados es el recuento de superficie cubierta por vegetales del mundo a través de los satélites.

LA AGRICULTURA ECOLÓGICA

El curso de la historia nos ha llevado desde el uso no agresivo de nuestro medio hasta su destrucción. La agricultura ha participado de modo muy intenso en este proceso. Los primeros agricultores apenas dañaban el medio natural, pero a medida que aumentó la población humana y sus necesidades de alimento, la actividad agrícola fue aumentando su impacto, hasta llegar al uso de sustancias venenosas para muchos organismos. Hoy se intenta regresar a métodos no agresivos, como la llamada agricultura ecológica.

LOS PLAGUICIDAS

Hasta el siglo XIX la agricultura era una práctica en general poco nociva para el medio ambiente. Sí que es verdad que se ocupaban terrenos robados a la naturaleza, pero las técnicas utilizadas eran poco agresivas y, en la mayoría de los casos, incluso eran beneficiosas para la biodiversidad de la zona. Sin embargo, a partir de 1950 el uso de plaguicidas empezó a extenderse. Al principio se pensó que era una solución fantástica para evitar las enormes pérdidas anuales de cosechas a cargo de las plagas de insectos, hongos y malas hierbas. Con el tiempo se fue viendo que la naturaleza de los lugares en que se aplicaban estos productos fitosanitarios iba empobreciéndose a marchas forzadas. Actualmente los grupos de investigación agraria trabajan para obtener técnicas de control de las plagas que no afecten al medio ambiente.

El uso abusivo de plaguicidas ha provocado no sólo que algunos animales dañinos se hayan hecho resistentes frente a ellos, sino también que otros muchos animales se intoxiquen.

Al igual que en los ecosistemas de agua dulce, en los de tierra también se acumulan los pesticidas. En este caso el tóxico es incorporado por los insectos fitófagos (que se alimentan de plantas), que son presa de insectos depredadores y de las aves que se alimentan de todos estos insectos.

Al final de la cadena alimentaria la concentración de pesticida es tan grande que puede afectar a la salud de los animales, impedir que se reproduzcan correctamente o incluso causarles la muerte.

BIOACUMULACIÓN DE TÓXICOS

Los plaguicidas que se aplican a los campos de cultivo pueden ser arrastrados por el agua de la lluvia y llegar hasta otros lugares a los que no iban destinados, generalmente ecosistemas de agua dulce (donde la mayoría se disuelven). Allí se incorporan a la cadena alimentaria a través del plancton, y día tras día van acumulándose en cantidades cada vez mayores en el cuerpo de estos organismos. Los peces que se alimentan de este plancton acumulan una cantidad que es la suma de toda la que se encuentra en su alimento. Lo mismo sucede con los animales que se alimentan de peces (que suman en su cuerpo todo el veneno acumulado en cada pez que devoran). Así, con cada eslabón se va concentrando más la cantidad de pesticida.

NUESTRA SALUD

Los seres humanos no escapamos del efecto nocivo de los plaguicidas ya que también somos animales que formamos parte de las cadenas alimentarias.

CONCENTRACIÓN DE UN PLAGUICIDA

Agua	0,010 mg/l
Plancton	3,6 mg/kg
Peces planctónicos	7,2 mg/kg
Peces depredadores	157 mg/kg
Aves y mamíferos piscívoros	1.780 mg/kg

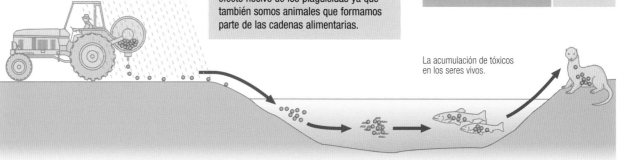

La acumulación de tóxicos en los seres vivos.

AGRICULTURA BIOLÓGICA

La naturaleza tiene recursos para controlar las poblaciones de diferentes especies. Es muy raro que una de ellas pueda crecer en exceso, perjudicando a las demás. Este principio puede aplicarse a los campos de cultivo, que en definitiva no son más que otro tipo de ecosistemas. Los insectos que se alimentan de los vegetales sembrados encuentran un medio tan rico que pueden reproducirse fantásticamente sin problema alguno, hasta llegar al nivel de plaga. Sin embargo, estos insectos tienen enemigos naturales, que en la mayoría de casos son insectos depredadores. Si se potencia la presencia de depredadores se puede evitar que la población de fitófagos crezca desmesuradamente y evitar, por tanto, la plaga.

Para combatir las plagas de pulgones, hoy se utilizan medios químicos, pero puede resultar peligroso para otros animales.

Las mariquitas se comen a los pulgones sin apenas dañar las plantas. Si se facilita la presencia de mariquitas, se puede decir que se está utilizando un plaguicida natural o ecológico.

AGRICULTURA INTEGRADA

Combina técnicas modernas y tradicionales. Para compensar la menor productividad de la agricultura biológica recurre a plaguicidas sólo en caso extremo y en las cantidades mínimas necesarias. Se estudia permanentemente la presencia de plagas y sus depredadores para no perjudicar a éstos. Así se evita el uso masivo de estas sustancias tóxicas.

El abono utilizado debe ser el justo y necesario. Cuando hay un exceso se diluye con el agua de lluvia o riego y pasa al suelo y de ahí a los acuíferos, que quedan contaminados.

MÉTODOS DE CONTROL DE POBLACIONES UTILIZADOS EN LA AGRICULTURA ECOLÓGICA

Control natural	Introducción de depredadores de los organismos que son plaga.
Creación de ecosistemas	Dejar crecer una zona marginal al campo de cultivo para que puedan vivir los depredadores naturales.
Alternancia de cultivos	Cambiar el tipo de cultivo en cada temporada para evitar que la plaga encuentre siempre condiciones adecuadas.
Cultivo adaptado a las condiciones locales	Utilizar variedades locales (naturales) más resistentes a las plagas.

LAS ABEJAS, ALIADOS DEL FRUTICULTOR

Se utilizan en agricultura para potenciar la polinización de los árboles frutales y de este modo aumentar la producción de frutos. Cuando una abeja se posa en una flor para obtener el néctar queda impregnada de multitud de granos de polen que se adhieren a su cuerpo. Al pasar a una nueva flor, uno de esos granos de polen puede introducirse en la parte femenina de la flor y fecundarla. Entonces esa flor se convertirá en un fruto. Este mecanismo natural de polinización puede potenciarse colocando paneles de abejas en los campos de cultivo de frutales. Cuanto mayor sea el número de abejas, mayor será el éxito reproductor de los árboles (y, por tanto, su producción).

La utilización correcta del agua de riego es un método indispensable en la agricultura ecológica ya que es un bien muy escaso en la mayoría de países del mundo.

La polinización de las abejas contribuye a una mayor cosecha. Por eso se sitúan los paneles (en la fotografía) cerca de los campos de frutales.

EL TRANSPORTE

El avance de las técnicas automovilísticas y los nuevos hábitos sociales producidos durante el último siglo han hecho que haya aumentado mucho el parque móvil mundial. La totalidad de los automóviles que salen diariamente a las carreteras utilizan gasolina o gasóleo como combustible y en ese uso se genera una gran cantidad de monóxido y dióxido de carbono y otros componentes, que contaminan la atmósfera a la vez que calientan el aire.

EL TRANSPORTE EN LAS GRANDES CIUDADES

Los núcleos urbanos y, muy especialmente, las grandes ciudades son los puntos más calientes en la temática del transporte. Son lugares con una alta densidad de población a la que se añade la multitud de personas que cada día acuden a ellos a trabajar o en busca de servicios. Muchas de estas personas que se trasladan de un punto a otro de la ciudad o que vienen de fuera lo hacen en un vehículo, y el más utilizado es el automóvil. El conjunto de las **emisiones** de los tubos de escape de estos automóviles, unida a la estructura básica de una ciudad (edificios altos que impiden una correcta aireación de las calles), hace que se cree una nube que envuelve al núcleo urbano, de temperatura más elevada y alta concentración de productos tóxicos.

El ruido es otro de los principales problemas del tráfico en una ciudad. La contaminación acústica que se crea es importante, alcanzando fácilmente 80 decibelios en una vía de tráfico intenso.

La contaminación y el colapso que provoca el uso masivo del automóvil aconseja utilizar el transporte público.

PRINCIPALES CONTAMINANTES PRODUCIDOS POR GASOLINAS Y GASÓLEOS

- monóxido de carbono (CO)
- dióxido de carbono (CO_2)
- óxido de nitrógeno (NO)
- hidrocarburos mal quemados
- plomo

DESAPROVECHAMIENTO DEL VEHÍCULO PRIVADO

En muchos países industrializados, la media de ocupación de los automóviles es de tan sólo 1,3 personas por vehículo. Para evitarlo, se está promocionando el uso compartido del vehículo para reducir costes y disminuir la contaminación.

EL TRANSPORTE PÚBLICO

Existe una alternativa mucho más racional y ecológica para moverse dentro de una ciudad, y es la utilización del transporte público. Actualmente, en casi todas las poblaciones existe una red de transporte interno formada por autobuses y en las grandes ciudades también por metro y tranvía. Son vehículos con una alta capacidad para llevar a un gran número de personas, lo cual reduce mucho el consumo de energía por pasajero. Además, la velocidad media suele ser muy superior a la de un automóvil, ya que en el caso del metro se mueve por una vía exclusiva (por lo que no hay atascos) y en el caso del autobús suelen ir por carriles propios que agilizan su desplazamiento.

luz solar

placas solares

agua → planta electrólisis → oxígeno

hidrógeno

depósito hidrógeno

surtidor de hidrógeno

depósito de hidrógeno

sólo emite vapor de agua

pila de hidrógeno

motor eléctrico

En muchas ciudades del mundo se están imponiendo vehículos que utilizan energías limpias (gas natural, baterías eléctricas, etc.) para el uso del transporte urbano. El dibujo muestra el funcionamiento de un prototipo de autobús que funciona con hidrógeno, dentro del programa CUTE (Transportes Urbanos Limpios para Europa).

El transporte público (metro, autobús, tranvía, etc.) no sólo ocupa proporcionalmente menos espacio y en general contamina menos, sino que resulta mucho más económico para el usuario.

LOS AVIONES Y LOS BARCOS

Para desplazarse entre países o ciudades a más de 300 kilómetros de distancia se suele utilizar el transporte aéreo por su rapidez. El barco, aunque cada vez destinado más en exclusiva al transporte de mercancías, ha sido a lo largo de la historia uno de los principales medios de transporte entre lugares costeros. Tanto aviones como barcos no están exentos de problemas con el medio ambiente. En el primer caso provocan fuertes ruidos y queman mucho combustible. En el segundo, a menudo se vierten al mar residuos y restos de combustible, que provocan la contaminación de las aguas marinas.

Uno de los inconvenientes que tiene el avión es que necesita unas infraestructuras colosales, que modifican irremediablemente el paisaje.

LAS PRINCIPALES RUTAS AÉREAS DEL MUNDO

Aunque parezca mentira, el espacio aéreo está saturado de tantos aviones que lo cruzan cada día.

DÍA SIN AUTOMÓVIL

Todos los días del año se celebran actos especiales para reconocer a ciertos colectivos o para recordarnos ciertos problemas, etc. Uno de ellos se dedica al problema del exceso de automóviles circulando por las ciudades. Desde hace unos años ese día se restringe o prohíbe la circulación de vehículos por algunas zonas de las grandes ciudades. Todo esto se complementa con ciertos actos festivos en los que se incluyen marchas a pie o en bicicleta, manifestaciones, etc.

ZONAS PEATONALES

Conjunto de calles por las que está prohibido circular durante todo el año, salvo vehículos especiales (ambulancias, policía, limpieza de calles, carga y descarga, etc.). Suelen estar en las zonas comerciales.

LA CONTAMINACIÓN DE LAS AGUAS DULCES

Desde tiempos prehistóricos, las poblaciones humanas se han asentado alrededor de los ríos y lagos de agua dulce, ya que es uno de los componentes imprescindibles para la vida. El desarrollo de la agricultura y de la ganadería también necesitan de forma indispensable la presencia de agua en las cercanías. Sin embargo, el uso del agua no acaba aquí, ya que se han utilizado y, desgraciadamente, se siguen utilizando los ríos como cloacas a las que verter las aguas fecales y los residuos industriales.

CÓMO SE CONTAMINAN LOS RÍOS

Básicamente, la contaminación de los ríos se produce por el vertido de sustancias tóxicas o no degradables. De vez en cuando nos enteramos por los periódicos o la televisión que ha habido una mortandad súbita de un gran número de peces de un río. En ese caso, lo más probable es que se trate de algún **vertido tóxico** procedente de alguna industria. Otro tipo de contaminación muy generalizada en los ríos de todo el mundo es la aportación de **purines** y otros restos derivados de la ganadería, que provocan una elevada eutrofización del agua.

LOS PURINES

Son las defecaciones de los cerdos. Se trata de un residuo extremadamente perjudicial para el medio y muy difícil de eliminar, ya que su tratamiento tiene un alto coste económico y energético.

Los vertidos de las industrias (papelera, textil, química, etc.) son una de las principales fuentes de contaminación de los ríos.

La principal medida para evitar la contaminación es no hacer vertidos perjudiciales a los ríos, obligando a las industrias a que traten sus residuos en plantas especiales y haciendo que las aguas residuales urbanas pasen por una **depuradora** antes de llegar al río.

EUTROFIZACIÓN

Es el principal problema de los ecosistemas de agua dulce. La eutrofización del agua se produce cuando recibe aportes de fósforo y de nitrógeno demasiado elevados. Entonces las poblaciones de algas microscópicas, que utilizan estos elementos como alimento básico, sufren un crecimiento explosivo y tiñen el agua. El color es una barrera opaca que impide que la luz solar llegue hasta el fondo del agua, lo que afecta al crecimiento de las algas de ese nivel. Como las algas no reciben luz, no generan oxígeno a través de la fotosíntesis y, por tanto, el medio queda pobre en este componente que es indispensable para la vida de los animales.

Los desechos de las granjas deben pasar por una planta de reciclado para evitar la contaminación de los suelos.

Los aportes de fósforo y nitrógeno al río provienen del exceso de fertilización de los campos y de la excesiva concentración de ganadería, que provoca una gran cantidad de nutrientes artificiales.

ESQUEMA DEL EFECTO DE EUTROFIZACIÓN

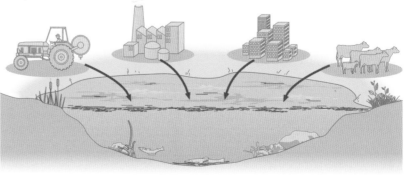

UNA CUESTIÓN DE VOLUMEN

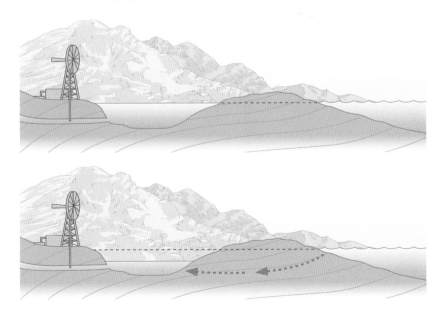

Un vertido en el río tiene mayores consecuencias que en el mar porque la gravedad de la intoxicación depende de la concentración del tóxico en el agua. En realidad, la proporción es mayor que la indicada en el dibujo, pero el volumen del mar no podría representarse por fuera del papel.

volumen de contaminantes | volumen de agua del río | volumen de contaminantes | volumen de agua del mar

Los ecosistemas de agua dulce son extremadamente frágiles comparados con los terrestres o los marinos. Las causas básicas son que:

1. La mayoría de sustancias se disuelven en el agua, pudiendo penetrar con mayor facilidad en el interior del cuerpo de los organismos acuáticos.

2. El volumen de agua dulce de cualquier río o lago es muy inferior al de un mar o a la de un océano, por lo que es fácil que se alteren las características del agua de las que tanto dependen los peces e invertebrados que los pueblan.

Las aguas de los lagos de alta montaña son extremadamente pobres en nutrientes, por eso son tan cristalinas. Los organismos que viven en ellas son muy sensibles a cualquier cambio. Por este motivo está prohibido utilizar estos lagos como zona de baño.

Otro daño causado a los ríos es la regulación del caudal por los embalses. Estas enormes obras de ingeniería suponen una barrera física para los peces y otros seres cuya ecología depende de migraciones entre la cabecera y la desembocadura del río.

EFECTO DE LA SALINIZACIÓN DE UN ACUÍFERO

SALINIZACIÓN

En las zonas de litoral marino se está produciendo un grave problema. Se sobreexplotan los acuíferos de manera que el agua del mar acaba introduciéndose en ellos y salando el agua.

PROBLEMAS DEL AGUA SALINA

para la salud	no se puede beber
para la agricultura	quema las plantas
para la industria	corroe la maquinaria
para el ecosistema	destruye la vegetación y mata a los animales

LA CONTAMINACIÓN DE MARES Y OCÉANOS

Más del 70 % de la superficie terrestre se encuentra cubierta por el agua, y de toda ella, la gran mayoría corresponde a las **aguas marinas**. Por tanto, nuestros mares y océanos son un importante **recurso** vital y deberíamos velar por su buen estado de salud. Por desgracia, la contaminación marina afecta hoy a todo el mundo y aunque el océano en su conjunto es un medio de grandes dimensiones y capaz de absorber una gran cantidad de aportes contaminantes, llegará un día en que se agote su capacidad de **autodepuración** y entonces será imposible dar marcha atrás.

EL ÚLTIMO ESLABÓN DE LA CONTAMINACIÓN

Tarde o temprano, todos los materiales que se tiran o vierten a los **ecosistemas terrestres** van a parar al mar a través de los ríos. Si observas después de una tormenta el litoral marino, probablemente verás que las aguas son de color marrón. Eso se debe a la gran cantidad de tierra y **sedimentos** arrastrados. Además, en muchas ocasiones, también aparecen llenas de plásticos, maderas y toda clase de materiales flotantes que finalmente quedan acumulados en las playas o en las rocas de la costa. Por lo tanto, para evitar que el mar se contamine debe empezarse por dejar de contaminar las superficies terrestres y los ríos.

Delfines, tortugas y otros animales tragan los plásticos que flotan en el agua, lo que les provoca asfixia u obstrucción intestinal, muriendo dolorosamente.

"EL MAR DEVUELVE TODO LO QUE NO ES SUYO"

Este conocido dicho de los habitantes de las regiones costeras no es del todo cierto, ya que los fondos costeros a menudo son vertederos de todo tipo de objetos, lo que pasa es que no se ve desde la superficie.

Cada año se realizan campañas de limpieza de las playas. En los lugares turísticos se encargan las autoridades y en las zonas sin interés comercial pero sí natural, a menudo la labor queda en manos de los grupos ecologistas. En estas operaciones se recogen toneladas de desechos que han sido depositadas por las olas tras haber recorrido un camino más o menos largo arrastrados por las corrientes marinas.

Introducción

Fundamentos
físicos del
ecosistema

El ecosistema
vivo

Los seres vivos
y sus cambios

Los grandes
biomas

Ecología
práctica

**Contaminación
del agua
y del aire**

Otros tipos de
contaminación

Las energías
alternativas

Reciclar
es ahorrar

Problemas
ecológicos

Comportamiento
ecológico

Nuevas
tecnologías

Espacios
protegidos

El movimiento
ecologista

Índice
alfabético
de materias

LA CONTAMINACIÓN INVISIBLE

A la **contaminación doméstica** y **agrícola** que llega por los ríos, hay que añadir los **metales pesados** y otros productos tóxicos que vierten directamente al mar las industrias situadas en la línea de la costa, así como los desechos procedentes de multitud de ciudades costeras que vierten sus aguas residuales directamente, sin pasar por **depuradoras**. Esta contaminación se diluye en el agua y da la sensación de que desaparece; sin embargo, numerosos análisis demuestran que en realidad se están acumulando lenta pero irremediablemente en los seres vivos que habitan los océanos.

DEPÓSITOS DE CONTAMINACIÓN

Los moluscos costeros (mejillones, almejas, etc.) son organismos que, por ser **filtradores**, acumulan en su cuerpo metales pesados como el mercurio, el cadmio, el plomo y el cromo, entre otros. De esta manera se introducen estos venenos en las cadenas tróficas marinas.

Se ha analizado el hielo del Ártico y de la Antártida y se ha comprobado que también allí se están acumulando sustancias contaminantes.

Cada año multitud de cetáceos varan en las costas y acaban pereciendo. No se conocen bien las causas, pero hay indicios de que la contaminación marina (química, acústica, etc.) es el causante de estos desastres. Se supone que esos agentes perturban el sentido de ecolocalización de estos animales que, incapaces de situarse, acaban varando en la costa.

EL TRÁFICO DE PETROLEROS

Constituye una de las amenazas más graves para los **ecosistemas marinos**. Son buques de gran tamaño que transportan miles de toneladas de crudo. Cuando uno de ellos se avería o hunde, puesto que muchos se encuentran en muy mal estado, se produce una catástrofe ecológica de consecuencias devastadoras. El **crudo**, que flota sobre la superficie del agua por su menor densidad, llega hasta las costas impregnando las playas y las rocas, tiñéndolas de un triste color negro. Los organismos mueren envenenados o de frío cuando el **petróleo** destruye su capa aislante, las algas se ven privadas de luz y mueren, etc. Además, el petróleo tarda muchos años en degradarse.

EL DESASTRE DEL *PRESTIGE*

Una de las últimas **mareas negras** fue la que afectó en 2002 y 2003 a las costas del norte de España y Portugal y del sudeste de Francia, producida por el hundimiento de este petrolero monocasco. Casos como éste son fruto de la negligencia de las empresas transportadoras del petróleo, que para ahorrar no invierten en reparar y mantener los barcos que utilizan.

CONTAMINACIÓN TÉRMICA

El aumento de la temperatura del mar en todo el planeta es, al parecer, el responsable de la muerte de los corales de muchos atolones, islas y barreras coralinas.

Las aves marinas son un símbolo del daño que se produce con las mareas negras. Impregnadas de petróleo, no pueden regular su temperatura y mueren de frío. Además, también el petróleo entra en sus vías respiratorias y en el aparato digestivo, muriendo envenenadas.

PEQUEÑOS VERTIDOS

Las embarcaciones a motor en multitud de ocasiones presentan pequeñas fugas de carburantes que acumuladas causan también graves estragos a los ecosistemas marinos. A esto se le debe añadir que muchos barcos realizan la limpieza de sus tanques en alta mar.

Cuando se produce una marea negra no sólo se ve afectado el medio natural, sino que la economía costera basada en la pesca y el turismo queda también totalmente dañada.

EL TURISMO

Aunque no es una **contaminación** propiamente dicha, el turismo ha sido una de las principales causas de la **degradación** de los **ecosistemas marinos** litorales de todo el mundo. La construcción de hoteles y urbanizaciones a pie de costa y de largos paseos marítimos han hecho desaparecer multitud de especies de lugares en los que antaño criaban o buscaban alimento. Además de la desaparición física del terreno apto para la fauna y la flora, debe añadirse que unido al turismo van el aumento de residuos urbanos, las embarcaciones a motor que liberan aceites y otros contaminantes al mar y que producen una contaminación acústica importante, etc.

LAS ACTIVIDADES SUBACUÁTICAS

El **submarinismo** mal practicado también puede resultar un peligro para el medio marino. Por ejemplo, con las aletas se dan golpes a los **corales** y otros organismos frágiles del fondo, impidiendo la recolonización, y las burbujas de aire desprendidas de las botellas de oxígeno alteran las condiciones ecológicas de las **cuevas submarinas**, etc.

La pesca submarina con arpón ha provocado que muchas especies, como el mero, hayan desaparecido o sean raras en numerosos lugares.

Las grandes concentraciones turísticas costeras, al igual que las industriales, producen un vertido contaminante; por eso es imprescindible que cuenten con plantas de tratamiento de aguas residuales.

Aunque beneficioso para las economías locales, las infraestructuras a que obliga el turismo provocan grandes transformaciones del espacio.

PRUEBAS NUCLEARES

Algunos países llevan a cabo **pruebas nucleares** en el interior de islas de coral que pertenecen a sus dominios por razones históricas pero que se encuentran lejanas a la metrópoli. Como es de esperar, estas pruebas son muy perjudiciales para la **flora** y la **fauna** que las habita, que acaban sufriendo todos los síntomas de la contaminación nuclear (muerte, enfermedades, alteraciones genéticas que perduran durante muchas generaciones, etc.).

La organización ecologista Greenpeace se opone sistemáticamente a todas aquellas actividades que dañan nuestro planeta, como las pruebas nucleares.

Las **centrales nucleares** situadas en la costa utilizan el agua del mar para refrigerar los reactores. El agua que devuelven tiene una temperatura muy superior a la original, lo que provoca profundos cambios en los ecosistemas costeros.

La proliferación de motoras y su inadecuado manejo y limpieza causa importantes daños a las aguas costeras.

UNA BOMBA DE RELOJERÍA

Los bidones con **residuos nucleares** arrojados al fondo del mar muestran ya grietas y algunos se han roto, con lo cual liberan una peligrosa contaminación.

IMPORTANCIA DE LAS CORRIENTES

Las **corrientes marinas** son muy importantes en el grado de contaminación de un mar. Como ejemplo podemos comparar el **Mediterráneo** con el **Báltico**. En el primer caso el nexo de unión con el océano **Atlántico** es el estrecho de Gibraltar. En este punto las corrientes superficiales van desde el océano hacia el Mediterráneo, mientras que las profundas siguen el sentido opuesto. Esto es importante porque las aguas profundas son las ricas en nutrientes (y contaminantes) y así el Mediterráneo se desprende de las que tiene en exceso y recibe aguas nuevas, con lo cual sus aguas son relativamente transparentes y limpias. Al mar Báltico le ocurre lo contrario, en él se acumulan nutrientes y contaminantes y sus aguas son de un color más verdoso.

Las aguas residuales urbanas contienen una gran cantidad de bacterias que pueden producir problemas gástricos, dermatológicos e infecciones oculares o de oído si desembocan en el mar cerca de una playa a donde acuden los bañistas.

PRINCIPALES DESASTRES CAUSADOS POR PETROLEROS

Año	Petrolero	Lugar del desastre
1967	*Torrey Canyon*	frente al sur de Irlanda
1975	*Jakob Maersk*	frente a la costa de Portugal
1976	*Urquiola*	La Coruña (España)
1978	*Amoco Cadiz*	Canal de la Mancha
1979	*Atlantic Empress*	Mar Caribe
1979	*Ixtoc One*	Golfo de México
1989	*Exxon Valdez*	Alaska
1992	*Aegean Sea (Mar Egeo)*	La Coruña (España)
1999	*Erika*	frente a la costa de Bretaña (Francia)
2002	*Prestige*	frente a la costa de Galicia (España)

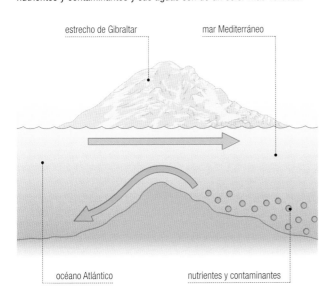

estrecho de Gibraltar   mar Mediterráneo

océano Atlántico   nutrientes y contaminantes

DEPURADORAS Y GESTIÓN DEL AGUA

A diferencia del resto de **animales** del planeta, los **humanos** no se conforman con vivir de lo que pueden obtener de la **naturaleza**. En las casas se lava la ropa muy a menudo, la gente se ducha a diario, se lavan los platos, etc. Este estilo de vida crea una gran necesidad de agua y también una cantidad de residuos tan elevada que la naturaleza es incapaz de incorporarla a sus **ciclos naturales** e integrarlos en ellos. A todos estos usos y generación de residuos domésticos se unen los de la agricultura y de la industria.

EL CICLO DEL AGUA EN LA SOCIEDAD

En muchos países, en que las **precipitaciones** no son homogéneas, existen multitud de embalses que almacenan las aguas de los ríos. Este agua sirve para la agricultura (y también para producir electricidad), pero no tiene ni mucho menos la calidad necesaria para considerarla **potable**, por lo que debe tratarse en **plantas de potabilización**. De allí se distribuye a las viviendas y las industrias, que, después de usarla, la ensucian y cargan con residuos. Estas **aguas residuales** se recogen a través de canalizaciones, que en este caso corresponde al alcantarillado, y se conducen hasta **plantas depuradoras**, donde se extrae una gran parte de esos residuos. El agua depurada es vertida entonces al medio (río, mar).

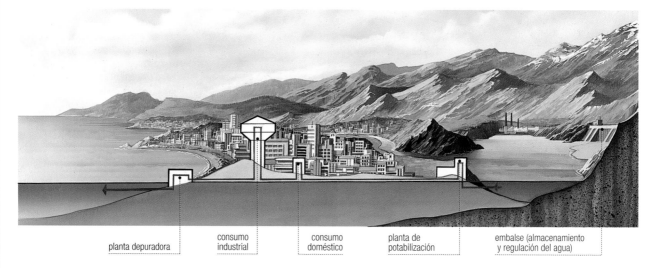

| planta depuradora | consumo industrial | consumo doméstico | planta de potabilización | embalse (almacenamiento y regulación del agua) |

La excesiva explotación de los pozos provoca su desecamiento o su salinización.

OBTENCIÓN DE AGUA POTABLE

El **agua potable** no sólo se extrae de las **potabilizadoras**. En muchos lugares aún existen **pozos** particulares que se mantienen en buen estado. Sin embargo, su número está disminuyendo debido a la contaminación del suelo y al exceso de explotación de los recursos hídricos del subsuelo.

En los lugares situados en regiones secas cercanas al mar, se utilizan plantas desalinizadoras para transformar el agua marina en agua dulce.

 Sólo el 3 % del agua del planeta es dulce y aprovechable por el hombre.

TIPOS DE DEPURADORAS

Existen diferentes modelos de **plantas depuradoras** que sirven para tratar un tipo u otro de aguas. La mayoría de los residuos procedentes de las **viviendas** son poco tóxicos para el medio ambiente y, de hecho, la naturaleza es capaz de eliminarlos por sí misma. El problema es, que se generan en tal cantidad, que es difícil para el medio absorberlo todo. En las **industrias**, en cambio, se generan numerosas sustancias tóxicas. Por todo ello, en una estación depuradora se concentra el proceso que ocurriría en la naturaleza. Hay dos tipos básicos de depuradoras: **biológicas** y **químicas**.

FANGOS ACTIVADOS

Conjunto de millones de microorganismos (bacterias y protozoos) que se encargan de eliminar toda la materia orgánica del agua residual. Se alimentan de ella y la convierten en la materia orgánica de sus propios cuerpos.

No sólo debemos cuidar los medios de agua dulce por ecologismo, sino también por necesidad de supervivencia.

DEPURADORA BIOLÓGICA

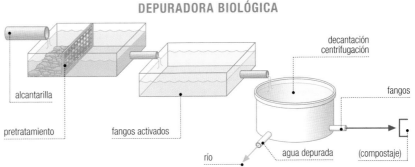

alcantarilla

pretratamiento

fangos activados

decantación
centrifugación

fangos

río

agua depurada

(compostaje)

El proceso básico de depuración es llevado a cabo por seres vivos (bacterias y protozoos).

DEPURADORA QUÍMICA

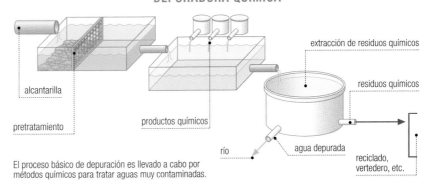

alcantarilla

pretratamiento

productos químicos

extracción de residuos químicos

residuos químicos

río

agua depurada

reciclado, vertedero, etc.

El proceso básico de depuración es llevado a cabo por métodos químicos para tratar aguas muy contaminadas.

El uso racional del agua supone algunos sacrificios, pero lo principal es no malgastarla.

LA ESCASEZ DE AGUA

El **agua dulce** es un bien escaso que hay que cuidar si no queremos que algún día nos falte. En las regiones donde abundaba el agua, el hombre, durante siglos, no le ha dado la importancia que en realidad tiene y ha explotado en exceso los **acuíferos** y contaminado los ríos, sin pensar que algún día podría llegar a faltar. Actualmente ya hemos llegado hasta este punto.

USO DEL AGUA

Correcto	Incorrecto
Cerrar bien los grifos.	Dejar abiertos los grifos.
Arreglar las tuberías.	Dejar fugas en las tuberías.
Riego gota a gota.	Riego con manguera.
Cultivar plantas autóctonas en jardines de regiones con escasez de agua.	Cultivar plantas que requieren humedad en regiones con escasez de agua.
Reciclar el agua.	Usar el agua una sola vez.

Introducción

Fundamentos físicos del ecosistema

El ecosistema vivo

Los seres vivos y sus cambios

Los grandes biomas

Ecología práctica

Contaminación del agua y del aire

Otros tipos de contaminación

Las energías alternativas

Reciclar es ahorrar

Problemas ecológicos

Comportamiento ecológico

Nuevas tecnologías

Espacios protegidos

El movimiento ecologista

Índice alfabético de materias

CONTAMINACIÓN DEL AIRE

La composición de la **atmósfera** que rodea la **Tierra** no es del todo constante, sino que depende mucho de las relaciones que se establecen con los océanos, con los componentes minerales del planeta y, sobre todo, con los seres vivos. Hasta hace apenas dos siglos estas relaciones eran equilibradas, de manera que no había grandes modificaciones de la composición del **aire**, sin embargo, la vida moderna y muy especialmente la industrialización, ha cambiado el panorama global y la atmósfera actual está modificando su composición debido a numerosas **emisiones** de diversos gases.

UN MEDIO FLUIDO

Al igual que ocurre en los mares y océanos, la **contaminación** que llega a la atmósfera queda diluida por su gran volumen. Ésta es la principal dificultad de concienciar a la sociedad para que limite las **emisiones de gases** nocivos hacia el medio ambiente, ya que el efecto de la contaminación atmosférica apenas se nota a corto plazo. Sin embargo, día tras día, los contaminantes van concentrándose hasta el punto que en algunos lugares ya se están observando los efectos adversos, y en el ámbito global se detecta un **calentamiento del planeta** que está empezando a afectar al **clima** en general.

PRINCIPALES CONTAMINANTES ATMOSFÉRICOS

Contaminante	Agente causante		
	Alto	Medio	Bajo
óxidos de azufre	industria	viviendas	vehículos
óxidos de nitrógeno	vehículos	industria	viviendas
partículas en suspensión	vehículos	industria	viviendas
anhídrido carbónico	vehículos	industria	viviendas
plomo	vehículos	vehículos	industria

La contaminación del aire de las ciudades es fácilmente comprobable al observar las fachadas de los edificios.

Los contaminantes gaseosos reaccionan con los elementos de la atmósfera pudiendo dar componentes aún más nocivos que los originales.

LA LLUVIA ÁCIDA

Los óxidos de **nitrógeno** y de **azufre** pueden reaccionar con el vapor de agua de la atmósfera y crear **ácido nítrico** o **sulfúrico**. Cuando estos elementos ácidos (mezclados con la niebla, la nieve o el agua de lluvia) caen sobre las plantas las queman, sobre los monumentos los erosionan, y sobre las aguas dulces las acidifican, con lo cual causan la muerte de los seres vivos acuáticos y provocan también daños a la salud humana.

PROCESO DE LA LLUVIA ÁCIDA

óxidos de azufre y de nitrógeno generados por la industria y por los vehículos

los óxidos se transforman en ácidos, el viento los traslada

y caen con la lluvia sobre lugares alejados del punto de emisión

EL CATALIZADOR DE LOS COCHES

Los catalizadores sirven para convertir el monóxido de carbono, los óxidos de nitrógeno y los hidrocarburos (todos ellos muy tóxicos) en nitrógeno, dióxido de carbono y vapor de agua (todos ellos inofensivos para la salud).

EL PROCESO DE CONTAMINACIÓN ATMOSFÉRICA

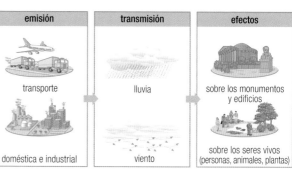

emisión	transmisión	efectos
transporte	lluvia	sobre los monumentos y edificios
doméstica e industrial	viento	sobre los seres vivos (personas, animales, plantas)

FUNCIÓN DEL CATALIZADOR

EFECTO DEPURADOR DE UN CATALIZADOR TRIPLE
(emisión en g/km de un automóvil de gasolina a 50 km/h)

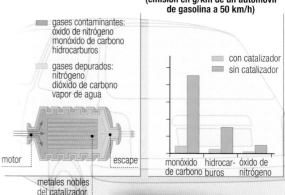

gases contaminantes:
óxido de nitrógeno
monóxido de carbono
hidrocarburos

gases depurados:
nitrógeno
dióxido de carbono
vapor de agua

con catalizador
sin catalizador

motor   escape

metales nobles del catalizador

monóxido de carbono   hidrocarburos   óxido de nitrógeno

DIÓXIDO DE CARBONO (CO₂)

Por sí solo no es un contaminante, ya que es un gas muy abundante en la atmósfera y cuyo **ciclo** está estrechamente ligado a los **seres vivos**: las plantas lo absorben para incorporar el carbono a su cuerpo mediante la **fotosíntesis** y todos los seres vivos lo vuelven a liberar mediante la **respiración**. Sin embargo, las emisiones actuales de dióxido de carbono son tan grandes que las plantas no pueden absorberlo todo y se acumula en la atmósfera, lo que provoca el **calentamiento** global del planeta.

El CO_2 llega a la atmósfera principalmente por la respiración de los seres vivos y por la combustión de materia orgánica (leña, vegetales, hidrocarburos, etc.).

La destrucción de los bosques hace que aún sea más difícil equilibrar el aporte de dióxido de carbono a la atmósfera.

EL FENÓMENO DE LA INVERSIÓN TÉRMICA

aire frío   aire cálido   barrera térmica

SO₂   NO   Pb

En Australia e Indonesia, durante el verano son frecuentes los grandes incendios forestales que emiten densas humaredas. El humo queda estancado en las zonas colindantes y obliga a la población a usar máscaras para poder respirar.

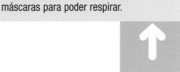

CONTAMINACIÓN EN LAS CIUDADES

En algunas poblaciones situadas en depresiones del terreno, se produce en invierno un fenómeno meteorológico denominado **inversión térmica**. Consiste en que una masa estable de aire frío se coloca sobre la ciudad y forma una especie de barrera térmica que no deja escapar a los gases que se van generando a causa del tráfico, calefacciones e industrias. Si esta situación dura varios días, la atmósfera de la ciudad queda tan cargada de contaminantes que incluso llegará a peligrar la salud de las personas. Esta situación se resuelve cuando llegan de nuevo los vientos y las lluvias… o si se eliminaran los focos de **contaminación**.

OZONO

Es un componente muy valioso en las altas capas de la atmósfera pero muy peligroso en las capas bajas, pues produce cáncer y otras alteraciones graves a los seres vivos.

A menudo, el aire de las grandes ciudades se hace irrespirable.

EMISIONES Y REGENERACIÓN DE BOSQUES

Las sociedades humanas llevan siglos alterando y abusando del **medio ambiente**, pero a principios de la década de 1970 comenzó a despertarse el interés por protegerlo. Tras haber llegado a un grado excesivo de degradación de los **ecosistemas**, los países industrializados, causantes de la mayor parte de las emisiones contaminantes, decidieron unirse en esta labor. Esta colaboración no es fruto del altruismo o del sentido de culpabilidad, sino una necesidad imperiosa para intentar salvaguardar la **calidad de vida** de las generaciones actuales y futuras.

LA COLABORACIÓN INTERNACIONAL

La mayoría de los **países industrializados** han realizado numerosas campañas y han celebrado reuniones con objeto de imponer plazos para la reducción de las **emisiones contaminantes**, pero hasta el momento pocos estados han cumplido realmente esos compromisos. El problema básico es que el cuidado de los **ecosistemas** es costoso (aunque resulta mucho más caro tener que repararlos) y significa un profundo cambio en costumbres muy arraigadas en la forma de trabajar.

PRINCIPALES ACTUACIONES INTERNACIONALES

1976	Se establece una comisión coordinadora de la información de la capa de ozono por parte de Naciones Unidas.
1985	En Viena se realiza una cumbre en la que se firma la primera declaración internacional de buenas intenciones para la protección de la capa de ozono.
1987	*Protocolo de Montreal*. Compromiso de reducir al 50 % las emisiones de CFC que destruyen la capa de ozono antes del año 2000.
1992	Conferencia o Cumbre de Río.
2002	Conferencia de Johannesburgo.

La alternativa más adecuada para reducir las emisiones contaminantes es el uso de **energías renovables** (solar, eólica). Sin embargo, aún se encuentran en fase de desarrollo.

La energía eólica (el nombre proviene del griego Eolo, dios del viento) es limpia e inagotable, aunque contamina visualmente y las centrales pueden dañar a las aves.

EL GAS NATURAL: UN COMBUSTIBLE MENOS CONTAMINANTE

El **gas natural** es el combustible más empleado en la actualidad para **calefacción** y para obtener calor en multitud de procesos industriales. Comparado con otros **combustibles fósiles**, genera una cantidad muy inferior de residuos por unidad de energía. Por ejemplo, la cantidad de CO_2 emitida en su combustión es la mitad que en el caso del carbón o el petróleo, la de óxidos nitrosos es entre un tercio y la mitad, mientras que la de óxidos de azufre se sitúa en menos de una centésima parte. Tampoco genera partículas en suspensión. La expansión del uso de esta fuente de energía ha contribuido notablemente a reducir las **emisiones contaminantes**.

Las reservas actuales de gas natural permiten cubrir las necesidades para los próximos cien años. En la fotografía, depósitos de gas natural.

Pantalán para recibir barcos metaneros (Tarragona, España).

El gas natural se compone principalmente de **metano**. Es un subproducto de la descomposición de la materia orgánica situada entre dos capas de rocas. Una vez extraído del yacimiento, se conduce a través de tuberías hasta las plantas distribuidoras, que lo suministran a las viviendas e industrias.

Introducción

Fundamentos
físicos del
ecosistema

El ecosistema
vivo

Los seres vivos
y sus cambios

Los grandes
biomas

Ecología
práctica

**Contaminación
del agua
y del aire**

Otros tipos de
contaminación

Las energías
alternativas

Reciclar
es ahorrar

Problemas
ecológicos

Comportamiento
ecológico

Nuevas
tecnologías

Espacios
protegidos

El movimiento
ecologista

Índice
alfabético
de materias

LA DEFORESTACIÓN Y LA ATMÓSFERA

El problema de las **emisiones** de gases nocivos a la atmósfera se agrava por la destrucción de los llamados pulmones de la Tierra, que son las extensas áreas de **selva tropical** situadas en latitudes cercanas al ecuador. Cada día desaparecen miles y miles de hectáreas de bosque por intereses fundamentalmente económicos, ya que se explotan para la obtención de **madera**. Con cada uno de los árboles que se pierde, disminuye más la capacidad de absorber el exceso de **dióxido de carbono** que se acumula en la atmósfera. La regeneración de estas milenarias selvas es prácticamente imposible porque crecen sobre un suelo pobre, en el que no pueden desarrollarse las semillas.

EFECTOS DE LA DEFORESTACIÓN

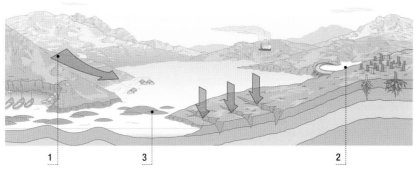

1   3   2

Los incendios también son otra de las causas principales de pérdida de bosques. Los más graves se producen en lugares de climas secos en los que aún queda bosque, como Australia.

(1) el agua de lluvia recorre velozmente las laderas, dejando sin protección el suelo (cosechas dañadas, desertización, etc.) y las poblaciones; (2) las tierras arrastradas rellenan los embalses (reduciendo su capacidad) y los cauces del río (provocando inundaciones); (3) los sedimentos arrastrados crean nuevas islas, cambian los fondos marinos y reducen las zonas de pesca.

PRINCIPALES CAUSAS DE DEFORESTACIÓN DE LA SELVA TROPICAL

Causas	Bolivia	Brasil	Colombia	Ecuador	Guayana	Guayana Francesa	Perú	Suriname	Venezuela
Maderero comercial	●	●		●	●		●	●	●
Explotación petrolera y/o gas	●			●			●		
Minería	●	●			●	●		●	●
Conversión a agricultura y/o ganadería	●	●	●	●			●		●
Incendios		●							
Represas hidroeléctricas		●							
Fumigaciones y cultivos de uso ilícito			●						

ATENCIÓN AL FUEGO

1 no encender fuego
ni quemar basura

2 no tirar jamás
cigarrillos encendidos

3 no lanzar fuegos
artificiales en zonas
de riesgo

4 no quemar los
residuos vegetales

5 no dejar basura ni
escombros en el bosque

6 cocinar sólo en las
barbacoas de obra

En los países industrializados se considera hoy a los bosques como un bien muy valioso para la sociedad. Por eso se realizan intensas campañas de repoblación forestal.

EVOLUCIÓN DE LOS BOSQUES EUROPEOS

Antaño, el continente europeo se encontraba cubierto en su práctica totalidad por **bosque**. Desde comienzos de la Edad Media se inició una **tala** masiva para conseguir tierras y destinarlas a la agricultura y la ganadería y para la obtención de leña y madera para la construcción. Esto provocó la práctica destrucción de esa capa arbórea original.

Actualmente el proceso se ha invertido. El abandono de los campos de cultivo está haciendo aumentar la superficie arbolada, que va ocupando los terrenos originales. Es la **regeneración natural** del bosque. Además, se apoya el proceso mediante **repoblaciones forestales**.

REGENERACIÓN DE ÁREAS QUEMADAS

Para regenerar un bosque quemado se empieza por plantar semillas o pequeñas plántulas de especies autóctonas que pueden crecer en espacios abiertos. De esta manera se fomenta la regeneración natural.

OTROS TIPOS DE CONTAMINACIÓN

Lo más habitual es que cuando se habla de **contaminación** se refiera uno a las emisiones de gases nocivos a la atmósfera, a los vertidos a ríos y mares, a los desperdicios sólidos, etc., es decir, a la causada por medios materiales (sustancias). Sin embargo, existen otros tipos de contaminación que podrían clasificarse como física, ya que no se produce un vertido al medio, sino que es un efecto físico (calentamiento, ruido, etc.) el que altera el buen funcionamiento de los **ecosistemas**.

CONTAMINACIÓN NUCLEAR

Hace medio siglo se descubrió la forma de obtener una gran cantidad de energía a partir de la destrucción de los **núcleos atómicos** de ciertos elementos (**uranio**). Esta energía parecía en un principio limpia, ya que a diferencia de los combustibles fósiles no emitía contaminante alguno a la **atmósfera**. Sin embargo, los residuos producidos son extremadamente peligrosos para la salud de todos los seres vivos, ya que las radiaciones emitidas pueden quemar y alterar las **células** y los **genes**. Además siguen actuando durante miles y miles de años. Han de guardarse en condiciones herméticas para evitar que se escapen, pero es prácticamente imposible encontrar un recipiente que dure tanto como el tiempo que siguen activos la mayoría de los residuos nucleares.

Aunque las centrales nucleares proporcionan una energía teóricamente limpia, sus residuos constituyen un auténtico problema de almacenamiento y contaminación, dada su intensidad y larga duración.

 Las centrales nucleares utilizan el calor obtenido en la **fisión** atómica para generar electricidad.

CONTAMINACIÓN ACÚSTICA

El **ruido** es un tipo muy especial de contaminación. Es un agente físico, no una materia que se introduce en el medio, y sólo se puede considerar como contaminación cuando está en exceso. Entonces puede afectar al sistema nervioso de los animales, y causar estrés. Los efectos del exceso de ruido son acumulativos: por ejemplo, escuchar un ruido fuerte un día no tiene consecuencias, pero escucharlo durante un tiempo prolongado puede provocar **sordera**.

 Los motores en general son los principales causantes del exceso de ruido en los medios naturales. Estos mismos ruidos también pueden afectar a la salud de los habitantes de las ciudades.

A menudo, el ruido de las ciudades es insoportable, por lo que con frecuencia se hacen campañas para reducirlo.

FUSIÓN NUCLEAR

Existe una nueva tecnología que consiste en obtener energía a partir de la fusión de algunos de los isótopos del hidrógeno del agua. La energía obtenida es mucha y los productos de desecho inocuos, pero todavía se encuentra en fase de investigación.

El paso de vehículos por un bosque hace que los animales huyan. En los ecosistemas en que hay un exceso de ruido muchas especies han desaparecido.

CONTAMINACIÓN TÉRMICA

Muchos de los procesos de algunas industrias, y sobre todo de las **centrales térmicas** y **nucleares**, generan una gran cantidad de calor. Una gran parte de éste es liberado al medio creando unas condiciones especiales alrededor del punto de emisión. Por lo general, el área afectada por el ascenso de la temperatura es pequeña. Aunque el calor se disipa muy rápidamente, sus consecuencias son evidentes, con una desaparición progresiva de los organismos que la pueblan y una posterior colonización por otros de climas más cálidos.

Las centrales térmicas funcionan con carbón o con petróleo y producen una notable contaminación si no cuentan con los adecuados filtros.

Las grandes ciudades sufren contaminación térmica debido al uso de calefacciones y por la acumulación de gases industriales y domésticos que absorben el calor reteniéndolo en la atmósfera circundante.

Ciertos estudios indican que el uso abusivo del teléfono móvil puede ocasionar, a medio y largo plazo, trastornos al usuario.

ANTENAS DE TELEFONÍA

Muy similar al problema de los **campos eléctricos** es el de los **campos electromagnéticos** generados por las grandes **antenas de repetición** de telefonía móvil. Hasta ahora los estudios realizados al respecto concluyen que no son peligrosas para la salud. Sin embargo, la gente en general prefiere que no estén instaladas en las cercanías de sus hogares.

CONTAMINACIÓN ELÉCTRICA

Existe un gran debate en la sociedad sobre el efecto que pueden tener las **líneas de alta tensión** sobre los organismos vivos. Algunas personas aseguran que se produce un número mayor de casos de cáncer en aquellas poblaciones que viven en lugares cercanos a estas vías de transporte eléctrico, sin embargo, estas conclusiones no han sido probadas científicamente.

Zona de seguridad que debe observarse frente a una antena de telefonía móvil de entre 100 y 1.000 W de potencia radiada.

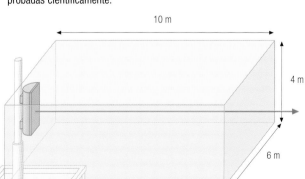

10 m

4 m

6 m

EL EFECTO INVERNADERO Y EL OZONO

La **atmósfera** es una capa fluida que envuelve la Tierra, cuya composición y características son indispensables para la vida en el planeta. A diferencia de lo que mucha gente cree, es una capa viva, en la que suceden constantes reacciones e interacciones con los seres vivos pero que al final se mantiene en equilibrio. Sin embargo, durante los últimos siglos las **actividades humanas** han roto este equilibrio produciendo verdaderos problemas que algún día pueden llegar a provocarle su propia extinción.

¿QUÉ ES EL EFECTO INVERNADERO?

Los rayos del **Sol** que llegan a la superficie del planeta rebotan contra el suelo y son devueltos al espacio en forma de **radiaciones infrarrojas**. Algunas moléculas de la atmósfera absorben esta radiación y se calientan. La atmósfera actúa así como una cubierta que impide la pérdida de **calor**. Esto es lo que se conoce como **efecto invernadero**, que es un fenómeno natural sin el cual no existiría la vida, puesto que las temperaturas serían demasiado bajas para los seres vivos. El problema surge cuando el hombre, con sus emisiones de dióxido de carbono (CO_2) y otros componentes (metano, vapor de agua, óxidos de nitrógeno, etc.), altera el equilibrio y hace que aumente demasiado este efecto invernadero, y se incremente de manera exagerada la temperatura de la atmósfera.

EL EFECTO INVERNADERO

Sol

calor retenido por el exceso de dióxido de carbono

un tercio de la radiación infrarroja se pierde en el espacio

la superficie de la Tierra "devuelve" el calor recibido del Sol

al calentarse, los océanos liberan vapor de agua

AUMENTO DE LA TEMPERATURA DE LA TIERRA

El exceso de emisiones de fábricas, automóviles y otras fuentes es uno de los principales factores que contribuyen al efecto invernadero y al calentamiento de la atmósfera en todo el planeta.

El CO_2 se produce en la respiración de los seres vivos y en la combustión de productos orgánicos como son la leña, el carbón y el petróleo y sus derivados.

Es un valor medio para todo el planeta, pues en algunos lugares ha subido varios grados mientras que en otros desciende. Esto provoca **cambios climáticos** a gran escala, lo cual da lugar a graves catástrofes naturales.

El problema del aumento del efecto invernadero es que los seres vivos son incapaces de adecuarse a las nuevas condiciones climáticas al ritmo en que éstas se modifican y, por lo tanto, desaparecen las especies a un ritmo muy superior al natural.

ESTIMACIÓN DEL CRECIMIENTO DE LA TEMPERATURA DE NUESTRO PLANETA

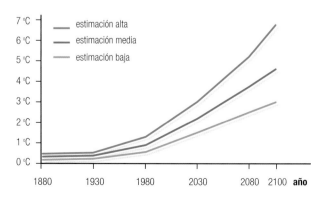

- estimación alta
- estimación media
- estimación baja

AGUJERO DE LA CAPA DE OZONO

Durante la década de 1980 se empezó a hablar del **agujero de la capa de ozono** sobre la Antártida. Este agujero representaba un claro síntoma de la degradación del planeta a causa del exceso de **contaminación atmosférica** y un grave peligro para la supervivencia de los seres que lo pueblan. Empezó entonces un nuevo rumbo en la protección del medio ambiente, y se organizaron foros internacionales para discutir sobre los temas que afectan al planeta en su conjunto y que requieren la aportación de medidas correctoras de todos los países.

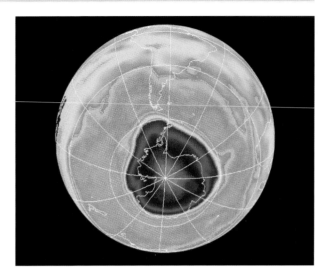

PROTOCOLO DE MONTREAL (1987)

En esta reunión se trató por primera vez en serio el problema de la desaparición de la capa de ozono. Ésta no disminuye de forma homogénea por todo el planeta, sino que lo hace en forma de un gran agujero sobre los polos que crece espectacularmente durante la primavera.

LOS CLOROFLUOROCARBUROS (CFC)

Son los principales enemigos de las moléculas de ozono. Son compuestos que contienen átomos de cloro, que al llegar a la capa de ozono reaccionan con él y lo destruyen. Una sola molécula de cloro puede destruir centenares de moléculas de ozono.

La mancha central situada sobre la Antártida representa una zona desprovista de ozono y que, por lo tanto, permite el paso de radiaciones peligrosas para los seres vivos. Éste es uno de los pocos temas de medio ambiente que ha tratado extensamente la prensa no científica, lo que demuestra su importancia.

UTILIZACIÓN DE LOS CFC

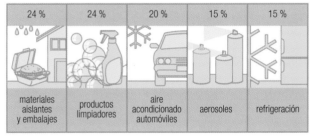

24 %	24 %	20 %	15 %	15 %
materiales aislantes y embalajes	productos limpiadores	aire acondicionado automóviles	aerosoles	refrigeración

Los CFC prácticamente no existen en la naturaleza. Son un producto creado por el hombre utilizado en aerosoles, líquidos refrigerantes, sustancias de limpieza de microcircuitos, embalajes de espuma para comida rápida, etc.

EL OZONO

Se trata de una molécula formada por tres átomos de **oxígeno**. En la atmósfera, a unos 25.000 m de altitud, existe una capa especialmente rica en ozono, cuya principal característica es que absorbe los **rayos ultravioletas**, evitando que lleguen directamente a la superficie terrestre. Esto es muy importante para los seres vivos, ya que estas radiaciones provocan alteraciones en las células haciendo que se produzcan enfermedades como el **cáncer** y aparezcan **mutaciones** graves en el material genético de los animales (incluido el ser humano) y plantas, lo que impide a menudo su multiplicación y reduce también sus defensas naturales.

Se estima que una pérdida del 10 % de la capa de ozono sobre la Tierra provocaría un aumento de casi el 30 % en las enfermedades de la piel.

En los lugares donde la capa de ozono se ha reducido más, como en Australia, los bañistas están expuestos a sufrir graves daños si toman demasiado el sol y no se protegen.

LAS ENERGÍAS ALTERNATIVAS

Algunas estimaciones concluyen que los **recursos** naturales no durarán toda la vida. Sin embargo, se ha calculado que durarán lo suficiente para que las **emisiones** producidas en su combustión sean superiores a lo que el ecosistema de la Tierra pueda soportar. Por ello, es acuciante que se empiecen a imponer las nuevas **energías** denominadas alternativas por ser limpias, es decir, por no emitir gases ni otros productos tóxicos para el medio ambiente. De hecho, las energías alternativas se limitan a transformar una energía de la naturaleza (luz del Sol, viento, etc.) en otra forma de energía aprovechable para el hombre.

LAS ENERGÍAS ALTERNATIVAS

Constituyen la única opción para un **desarrollo sostenido**, para que en el futuro sigan existiendo **ecosistemas** como los que aún se conservan en nuestros días. Sin embargo, los sistemas de desarrollo destructivo continúan imperando en nuestro planeta: cada vez aumenta más el parque móvil mundial impulsado por gasolina y gasoil y aumenta la **contaminación** producida en muchos de los países menos desarrollados.

Se puede decir que la utilización de combustibles fósiles (carbón, petróleo o gas) es indispensable para el desarrollo de la sociedad tal y como la conocemos.

RECURSOS Y RESERVAS

Los **recursos** son los depósitos conocidos de minerales y combustibles fósiles. Las **reservas** son la estimación de los recursos que pueden extraerse con la tecnología actual.

Por su facilidad de obtención y versatilidad, el petróleo sigue siendo una forma de energía vital para el desarrollo.

COMBUSTIBLES FÓSILES

El petróleo, el carbón y el gas natural son combustibles fósiles, es decir, son restos de organismos vivos que han sufrido un proceso especial de descomposición y transformación en el subsuelo.

 En la actualidad, la cantidad de combustibles fósiles que se queman en un año equivale a un millón de años de trabajo de la naturaleza para producirlos y almacenarlos.

COMPARACIÓN DE LAS FUENTES DE ENERGÍA

	Fuente	Contaminación	Reservas
No renovables	carbón	sí	limitadas
	petróleo	sí	limitadas
	gas natural	sí	limitadas
	energía nuclear	sí	limitadas
Renovables	viento	no	infinitas
	energía solar	no	infinitas
	energía del mar	no	infinitas
	energía geotérmica	no	infinitas
	biomasa	según uso	renovables

PROCESO DE FORMACIÓN DEL CARBÓN

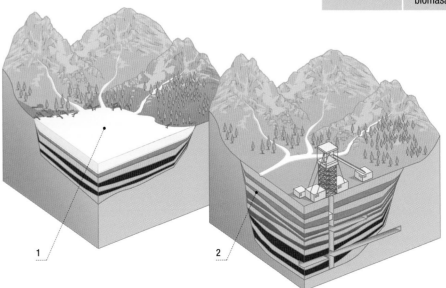

Se estima que el coste ecológico del carbón o del petróleo es tres veces superior al coste de su extracción y distribución. En el caso del gas natural, como es menos contaminante, esta relación sólo es del doble.

(1) la vegetación muere y queda sepultada en una ciénaga, transformándose durante millones de años en carbón; (2) tiempo más tarde, se forman nuevas capas, siendo las de mejor calidad de carbón las situadas a mayor profundidad.

ENERGÍA EÓLICA

Es la energía que se obtiene aprovechando la fuerza del **viento**. Se utiliza desde la antigüedad en los clásicos **molinos de viento**, que funcionan con palas de enorme tamaño situadas sobre un eje a modo de ventilador. Cuando el viento empuja estas palas, empiezan a dar vueltas haciendo girar el eje central. Este eje se une a una serie de engranajes y mecanismos que conectan, finalmente, con un émbolo que sube y baja y que sirve para moler el grano y producir harina. Este principio mecánico es el mismo que se utiliza para obtener energía eléctrica en los **parques eólicos**. En lugar de un émbolo para moler grano se conecta una especie de dinamo que genera **electricidad**.

El principal inconveniente de los parques eólicos actuales es que se sitúan en la ruta de las aves migradoras y sus aspas matan cada año a centenares de ejemplares.

Una de las principales virtudes de las energías alternativas es que son limpias con el medio ambiente. Otra, igualmente importante, es que son inagotables, ya que ni el Sol se apagará, ni el viento dejará de soplar, ni el agua dejará de caer desde un punto más alto a otro más bajo.

La energía que proporciona el viento es también aprovechada para la práctica de ciertos deportes.

El aprovechamiento de las energías naturales no es ningún invento moderno.

ENERGÍA SOLAR

PLACAS SOLARES FOTOVOLTAICAS

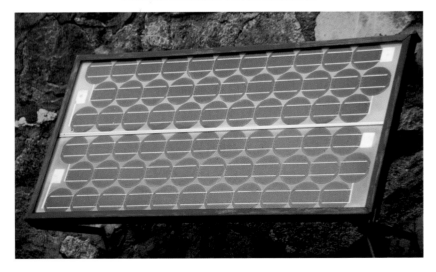

El **Sol** es la fuente de energía más importante para los seres vivos del planeta. Es la energía que captan las **plantas** para crecer y, por tanto, es la base de todos los ecosistemas. Sin embargo, su utilización como fuente de energía para usos humanos es todavía muy escasa en comparación con otros tipos de energías. Existen diferentes técnicas de obtención de energía solar y constantemente se desarrollan nuevos dispositivos más eficientes.

Si pudiéramos aprovechar un cinco por ciento de la energía solar que llega a la Tierra durante un año, obtendríamos la misma energía que proporciona la totalidad de las reservas de combustibles fósiles.

LAS PLACAS SOLARES

Las placas solares **fotovoltaicas** disponen de un revestimiento especial capaz de transformar los rayos del sol directamente en electricidad. Las placas solares **térmicas** aprovechan los rayos de sol para calentar el agua de un circuito, que se usa para calefacción, agua de baño, etc.

Las regiones de latitud baja o media son muy adecuadas para que el aprovechamiento de la energía solar sea pronto una realidad factible y rentable.

Multitud de pequeños aparatos, como calculadoras o relojes, ya utilizan la energía solar fotovoltaica para funcionar.

BIODIESEL

Los aceites vegetales y animales alimentarios se pueden reciclar de forma barata y ecológica para convertirlos en un combustible utilizable para los automóviles que funcionan con un motor diesel. También los residuos vegetales de la agricultura pueden emplearse para obtener combustible. Todas estas formas de combustible se denominan **biodiesel**. Por lo tanto, no es una **energía renovable** en el verdadero sentido de la palabra, pero es una alternativa ecológica muy importante para evitar vertidos que contaminan el agua y acumulación de residuos que se queman y contaminan el aire.

Ventajas del biodiesel

• Es el único combustible alternativo que funciona en cualquier motor diesel convencional, sin ser necesaria ninguna modificación.

• Puede ser usado puro o mezclado en cualquier proporción con el combustible diesel de petróleo.

• El ciclo biológico en la producción y el uso del biodiesel reduce aproximadamente en un 80 % las emisiones de anhídrido carbónico, y casi un 100 % las de dióxido de azufre.

• Proporciona significativas reducciones, en comparación con el diesel de petróleo, en la emanación de partículas y de monóxido de carbono.

• Distintos estudios en EEUU han demostrado que el biodiesel reduce en un 90 % los riesgos de contraer cáncer.

• Contiene un 11 % de oxígeno en peso y no contiene azufre. El uso de biodiesel puede alargar la vida útil de los motores, porque posee mejores cualidades lubricantes que el combustible de diesel de petróleo.

En muchos países se utilizan ya los residuos agrícolas para obtener biodiesel o alcohol, empleados como combustible.

La primera planta de fabricación de biodiesel en España fue inaugurada en marzo del 2003 en la población de Reus, Tarragona.

Los restaurantes y otros establecimientos que consumen grandes cantidades de aceites y grasas no deben verter el producto usado al sistema de canalización urbano, sino que han de guardarlo en recipientes para su recogida.

BIOMASA

Desde el punto de vista energético, se considera como **biomasa** toda la materia de origen vegetal o animal que puede utilizarse como **combustible**. Por ello, el **biodiesel** quedaría englobado en esta definición, pero la biomasa comprende también productos como la madera. Constituye todavía la principal fuente de energía en muchas sociedades no desarrolladas. Transformada en biodiesel permite reducir la **contaminación atmosférica**, pero quemada como leña puede ser una fuente de contaminación importante.

La leña es una importante fuente de contaminación atmosférica.

OBTENCIÓN DE ENERGÍA A TRAVÉS DE BIOMASA

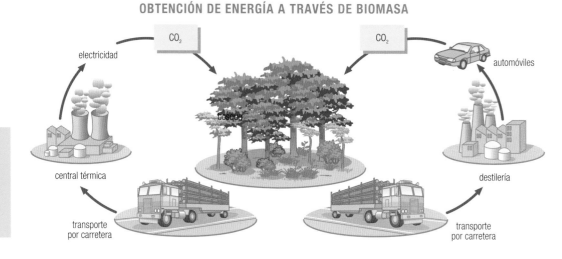

electricidad — CO_2 — automóviles

central térmica — bosque — destilería

transporte por carretera — transporte por carretera

En los países más pobres, la madera constituye casi el 90 % del combustible utilizado.

Introducción

Fundamentos
físicos del
ecosistema

El ecosistema
vivo

Los seres vivos
y sus cambios

Los grandes
biomas

Ecología
práctica

Contaminación
del agua
y del aire

Otros tipos de
contaminación

**Las energías
alternativas**

Reciclar
es ahorrar

Problemas
ecológicos

Comportamiento
ecológico

Nuevas
tecnologías

Espacios
protegidos

El movimiento
ecologista

Índice
alfabético
de materias

ENERGÍA ELÉCTRICA

La **electricidad** es en sí misma una energía muy limpia, sin residuos que ensucien el medio ambiente. El problema puede proceder del modo de obtención de esta energía. Cuando se produce a través de **placas solares** o de **parques eólicos**, entonces podemos hablar de una energía totalmente limpia, ya que no produce contaminación alguna. Sin embargo, actualmente se está produciendo electricidad en **plantas nucleares** o en **centrales térmicas**, donde se queman combustibles nucleares y fósiles para transformar el calor obtenido en electricidad. En este proceso existe una pérdida más o menos grande de energía. Las **centrales hidroeléctricas** producen también energía limpia, pero su presencia causa en general un grave impacto en el ecosistema de los ríos.

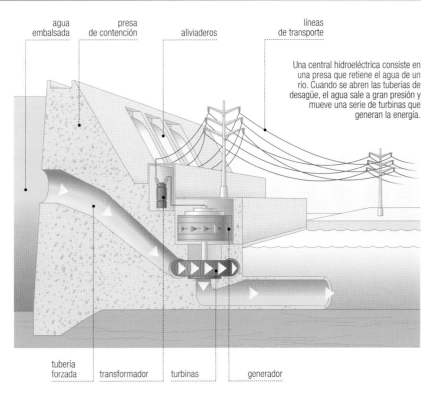

Una central hidroeléctrica consiste en una presa que retiene el agua de un río. Cuando se abren las tuberías de desagüe, el agua sale a gran presión y mueve una serie de turbinas que generan la energía.

Para no impedir el paso de los peces migradores, algunas presas disponen de escalas especiales.

Los cambios de nivel del agua en los ríos embalsados provocan graves alteraciones en este ecosistema. Muchas especies desaparecen.

Al igual que ocurre con los molinos de viento, hace siglos que se inventaron los molinos de agua, que aprovechan la fuerza del agua para realizar un trabajo mecánico.

¿POR QUÉ SE USAN TAN POCO LAS ENERGÍAS ALTERNATIVAS?

Es una pregunta que se haría cualquiera tras conocer sus características. La respuesta principal es que aún son caras de obtener y que la energía generada en muchos casos es insuficiente para satisfacer el gran **consumo** existente. En algunos países el gobierno da ayudas y subvenciones para promover el uso de estas energías y la tendencia actual es de un uso cada vez más extendido. El principal opositor a estas energías limpias es la **industria petrolera**, que las considera una amenaza para sus intereses económicos por lo que boicotea las reuniones internacionales destinadas a promoverlas. Sin embargo, los recursos no renovables serán cada vez más caros y resultará más rentable e imprescindible emplear los recursos renovables.

En la reunión internacional celebrada en 2002 en Johannesburgo (Sudáfrica), la presión de la industria petrolera consiguió impedir que se tomaran resoluciones destinadas a reducir la contaminación.

Una quinta parte de la población mundial consume dos terceras partes de la energía del planeta. Si en 25 años todos los ciudadanos de países poco desarrollados alcanzaran el nivel de vida de Occidente debería quintuplicarse el consumo actual de energía.

RECICLAR ES AHORRAR

En la naturaleza nada se tira ni desperdicia. Si miramos los **ciclos de la materia** y de la energía o las **cadenas tróficas**, veremos que siempre hay un organismo aprovechando lo que otro deja y que cuando él muere, servirá de alimento a otro organismo. El hombre se ha acostumbrado a usar y tirar, produciendo cada vez más **residuos** que pueden llegar a ahogarnos. La única solución es imitar a la naturaleza, es decir, **reciclar** tanto la materia como la energía y con ello ahorrar recursos, que a veces son muy escasos e irreemplazables.

¿QUÉ ES RECICLAR?

Reciclar significa introducir de nuevo en un **ciclo** y como estamos hablando de todas las **materias** que utilizamos en nuestra vida cotidiana, será volver a introducirlos en el ciclo de la producción, es decir, no tirarlos, que significa dejarlos fuera del ciclo. Reciclar un producto es volver a utilizar el material o los materiales de los que está hecho para obtener a partir de ellos un nuevo producto. De esta manera se evita tener que utilizar un material nuevo, que puede ser escaso. Por lo tanto, reciclar es también **ahorrar**.

Los contenedores permiten clasificar desde el principio los materiales de desecho.

MATERIAS Y PRODUCTOS RECICLABLES

Pequeña muestra de las cosas que utilizamos en casa y que pueden reciclarse.

CASI TODO ES RECICLABLE

En la tabla adjunta quedan algunas filas en blanco. Rellénalas tú mismo, piensa primero en cosas que te encuentras a tu alrededor y que usas en tu vida cotidiana.

Materia o producto	Reciclable	Productos finales	Ventajas
Papel, cartón	sí	papel, cartón	no se destruyen bosques
Envases de plástico	sí	productos de plástico	no se contamina, se ahorra petróleo
Vidrio	sí	productos de vidrio, firmes de carretera	no se contamina, se ahorra energía
Pilas	sí	minerales, plásticos	se evita una contaminación muy venenosa
Automóviles	sí	metales, plásticos	no se contamina, se ahorran materias primas
Agua	sí	agua potable, para riego, industrial	se ahorra agua y se descontamina
Basura orgánica	sí	compost, abonos	se ahorra suelo, se evitan vertederos
Residuos de centrales nucleares	no	ninguno	ninguna
Ordenadores, cadenas hi-fi	sí	vidrio, metales	se evita contaminar, se ahorran materias primas
Tejidos naturales	sí	papel, cartón	no se destruyen bosques
Tejidos sintéticos	sí	plástico industrial	se evita contaminar
Artículos de madera	sí	contrachapados, pulpa de papel	no se destruyen bosques
Residuos agrícolas	sí	abonos, biodiesel	se ahorra petróleo

EL RECICLADOR EN CASA

No es tan difícil **reciclar**. Vamos a fabricar un poco de **papel reciclado**. El resultado no será perfecto porque no dispones de los medios necesarios, pero te demostrará que es posible:

1. Rompe en pequeños trozos varias hojas de papel de periódico dentro de un cubo con agua.

2. Déjalo en reposo dos o tres días.

3. Tritura la pasta que se obtiene.

4. Cuece la pasta con un poco de detergente.

5. Elimina la tinta que se acumula en la superficie con la espuma.

6. Déjalo enfriar y cuélalo.

7. Extiende una lámina de pasta (2-3 mm) sobre una malla de tela formando un rectángulo.

8. Coloca hojas de papel de periódico encima y después un peso.

9. Espera unas horas y saca la lámina de papel.

10. Déjala secar.

CURIOSIDADES

• Casi el 40 % del papel que utilizamos es reciclado.

• Para producir el material de una lata de aluminio se necesita media lata de petróleo.

• En algunos países, casi el 80 % del acero producido se obtiene a partir de chatarra.

PROCESO ARTESANAL PARA LA OBTENCIÓN DE PAPEL

1, 2   3   4, 5

6, 7   8, 9

10

ANTES DE RECICLAR HAY QUE SELECCIONAR

EL RECICLAJE DE UN AUTOMÓVIL

vehículo para desguazar

relleno asientos

moquetas, revestimientos

lunas

envases de vidrio

parachoques

carrocería

neumáticos

suelas de zapato

tuberías de plástico

industria metalúrgica

Para poder aprovechar los **residuos** primero hay que clasificarlos. Esto no sólo lo deben hacer las empresas de **reciclaje**, sino que también nosotros podemos contribuir seleccionando nuestros residuos. Para ello existen **contenedores** donde podemos depositar objetos de vidrio, otros para plásticos, otros para papel, etc. De esta manera se facilita la clasificación que se hará en un centro de **tratamiento de residuos**. Allí, se trituran o se empaquetan (según el caso) los materiales del mismo tipo y se envían a las fábricas, que los volverán a utilizar como materia prima.

El objetivo de los fabricantes de automóviles es que más del 90 % de los componentes de un vehículo se puedan reciclar.

DESERTIZACIÓN Y GESTIÓN DE SUELOS

El **suelo** no es sólo roca desmenuzada sino que contiene una cantidad variable de **materia orgánica** y eso le hace ser **fértil**. No toda la Tierra posee suelos fértiles, por lo que la actividad agrícola queda limitada a las zonas que dispongan de él.

En los últimos tiempos, debido a la acción humana se está produciendo un proceso de pérdida de suelos fértiles que conducen a una **desertización** creciente de amplias zonas del planeta.

EL SUELO

La capa superficial de la corteza terrestre forma en algunas zonas del planeta una estructura especial llamada **suelo**. Por un lado es el resultado de la actividad química y mecánica, que desmenuza la **roca madre** hasta formar rocas pequeñas, gravas y arenas más o menos finas. Por otro lado es también el resultado de la **actividad biológica** de los seres vivos que lo pueblan.

La materia orgánica está presente en forma de restos vegetales (ramillas, hojas, frutos y los productos de su descomposición) y residuos de origen animal (heces, cadáveres, etc.). A ello hay que añadir los millones de **microorganismos** (bacterias, protozoos, etc.) y de otros seres vivos (insectos, gusanos, hongos, etc.) que lo pueblan.

En la actualidad es cultivable algo más del 11 % de la superficie del planeta, pero podría llegarse hasta el 24 %.

El suelo está continuamente expuesto a la actividad química, física y biológica. En la fotografía, hayedo en otoño.

PORCENTAJE DE USOS DEL SUELO

Continente	Cultivos	Pastos	Bosques	Otros
África	6	26	24	44
América Central y del Norte	13	16	32	39
América del Sur	7	26	54	13
Asia Central y del Norte	10	21	32	37
Asia Meridional	24	21	13	42
Asia Sudoriental	17	5	57	21
Australia	6	55	18	21
Europa	30	18	32	20

Se indican aquí los porcentajes aproximados porque el uso del suelo en los últimos años está experimentando unos grandes cambios, principalmente una reducción del área de los bosques.

La materia orgánica supone sólo el 1-2 % en peso del suelo, pero es la parte esencial para que sea fértil.

HUMUS

Porción de la materia orgánica del suelo producida por la descomposición de los restos orgánicos. Es el principal factor que determina su fertilidad.

LA EROSIÓN

Recibe este nombre el proceso natural por el que los **agentes meteóricos**, tales como el viento, el agua o el hielo, desgastan la superficie del planeta. La erosión hace que las montañas muy antiguas tengan cumbres y formas más redondeadas y suaves que las montañas recientes. La erosión también actúa sobre el suelo, eliminándolo o reduciendo su espesor. Sin embargo, la **vegetación** (principalmente los bosques) actúa como una capa protectora que evita esa pérdida. Las actividades humanas favorecen la erosión al eliminar directamente el suelo (**urbanización**), al explotarlo en exceso (**sobreexplotación** agrícola y ganadera) o al eliminar la cubierta protectora (**tala** de bosques).

AVANCE DEL DESIERTO

Continente	Lugares	Causas
África	Noroeste	erosión
	Sahel	pastoreo, agricultura
	Bostwana	pastoreo
América	Centro de EEUU	agricultura, ganadería
	Centro de México	erosión, sequía
	Noreste de Brasil	urbanización
Asia	Oriente Medio	erosión
	Asia Central	ganadería, riego
	Mongolia	ganadería
	Yangtsé (China)	agricultura, urbanización
	Sudeste asiático	deforestación, erosión
Australia	Sudoeste	agricultura, ganadería
Europa	Sudeste de la Península Ibérica	urbanización, agricultura

CULTIVO EN TERRAZAS

Modalidad que escalona la pendiente de una montaña en pequeñas terrazas, evitando así el efecto de la erosión.

La tala del bosque para su aprovechamiento industrial (construcción, papel, etc.) debe ir seguida de su reforestación. En la fotografía, tala de un bosque en la isla de Vancouver (Canadá).

La tala salvaje, sin reforestación, puede llevar a la desertización del terreno.

DESERTIZACIÓN

Proceso por el que una tierra fértil se vuelve estéril e incapaz de sustentar la vida vegetal.

La formación de 2,5 cm de suelo puede tardar entre 100 y 2.500 años. La destrucción de 2,5 cm de suelo puede tardar menos de un minuto.

GESTIÓN DE LOS SUELOS

Para evitar los efectos de la **erosión** y de la **desertización**, es necesario tratar las tierras de un modo que se eviten o minimicen los daños y que se favorezca su regeneración. Es lo que se llama **gestión de los suelos**. Con la agricultura se practica la **rotación de cultivos**, lo que permite que la tierra cultivada recupere su fertilidad al tener plantas distintas en los diferentes años. La plantación de **setos** y **bosques** contribuye a evitar los efectos de la erosión. El control del **pastoreo** es también muy eficaz para impedir que desaparezca la cubierta vegetal de zonas sensibles como las sabanas secas o las praderas.

A menudo es conveniente rodear las tierras cultivadas con setos y bosquetes para protegerlas del ganado y permitir la existencia de fauna silvestre.

Un 3 % de las tierras cultivables están en grave peligro de desertización y un 12 %, en peligro elevado.

SOBREPESCA Y GESTIÓN DE LOS OCÉANOS

Ya hemos visto en el caso de la contaminación que los océanos no son un sumidero al que puedan arrojarse todos los desperdicios de nuestra civilización de manera indefinida. Lo mismo sucede con sus recursos. También pueden agotarse. Algunos, como los minerales depositados en el fondo o los depósitos de combustibles fósiles situados debajo de esos fondos, se agotarán lo mismo que sucede en tierra firme. Otros, como la energía de las mareas o de las corrientes marinas, son inagotables o bien son renovables, como sucede con la pesca.

LA SOBREPESCA

Los pescadores tradicionales han podido obtener sus productos a lo largo de los siglos sin alterar las **poblaciones** de animales marinos. Sin embargo, desde principios del siglo xx, las nuevas técnicas han permitido construir enormes **buques congeladores** donde se procesa de inmediato el pescado que capturan continuamente varios centenares de buques pesqueros que hay a su alrededor. El resultado ha sido que las poblaciones de peces no han podido recuperarse y muchas han acabado por desaparecer. Este exceso de explotación se conoce como **sobrepesca**.

Los cefalópodos son una de las especies que más se sobrepescan.

Los buques de arrastre remolcan artes de pesca por el fondo y no sólo capturan especies de interés comercial sino que destruyen todo el ecosistema.

EXPLOTACIÓN DE LOS RECURSOS VIVOS DEL MAR

Tipo	Ejemplo
Vegetales	algas comestibles, algas forrajeras, algas de uso industrial
Mamíferos	ballenas, focas
Peces de fondo	platija, fletán, merluza, raya, bacalao
Peces de superficie	atún, sardina, anchoa, arenque, caballa
Crustáceos	langosta, gambas, cangrejos
Moluscos	mejillón, ostra, almeja
Cefalópodos	pulpo, calamar, sepia

REDES DE DERIVA

Enormes redes, de varios kilómetros de longitud, que se dejan flotando en el océano y capturan todo tipo de animales marinos, además de peces comestibles. En ellos se enredan y mueren tortugas, delfines e incluso aves marinas.

USO DE LA PESCA

Tipo	%
Pescado fresco o congelado	35
Obtención de piensos y aceites	32
Conservas de pescado	16
Pescado ahumado, salado, etc.	17

La visita a un mercado de pescado te puede dar una buena idea de la riqueza que existe en el mar, aunque cada vez más resultará un lujo consumir pescado fresco.

DISTRIBUCIÓN DE LA RIQUEZA MARINA

En los océanos podemos distinguir dos zonas principales. Una es la **litoral** que rodea los continentes y está constituida por la **plataforma continental** (hasta unos 200 m de profundidad). La otra es la zona de **alta mar** (la **región pelágica**). El **plancton vegetal** crece principalmente alrededor de los continentes, por lo cual las plataformas continentales son los lugares donde se concentra la mayoría de la vida marina y aquí se encuentran los principales **caladeros de pesca**. Las riquezas minerales, en cambio, se hallan principalmente en los fondos profundos, es decir, en las zonas centrales de los océanos. Los recursos petrolíferos, en cambio, aparecen en ambas zonas, aunque los yacimientos de aguas profundas no pueden explotarse de momento por dificultades técnicas.

LAS ZONAS DE LOS OCÉANOS

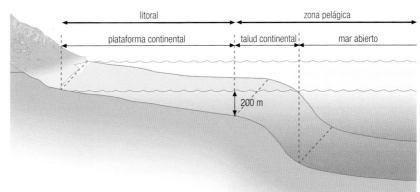

litoral | zona pelágica

plataforma continental | talud continental | mar abierto

200 m

 Los minerales del agua marina se obtienen en plantas de extracción situadas en las costas.

 Se cree que bajo las Montañas Transantárticas existen los mayores depósitos de carbón del planeta.

La mitad de las reservas mundiales de petróleo y gas natural se encuentran en la plataforma continental. En la fotografía, explotación petrolífera en el Mar del Norte.

ALGUNOS RECURSOS MINERALES DEL MAR

Recurso	Localización
Petróleo, gas natural	Mar del Norte, golfo de México, costa de Ecuador, costa de Venezuela, costas de Indonesia, Mar Rojo, costa occidental ecuatorial de África
Nódulos de manganeso	Atlántico norte, Atlántico sur, centro del Índico, Pacífico norte, Pacífico sur
Plata, cinc	Mar Rojo
Sedimentos ricos en metales	Atlántico ecuatorial, norte del Índico, Pacífico central
Uranio	agua marina

GESTIÓN DE LA RIQUEZA MARINA

Una parte de la riqueza biológica y mineral de los mares se encuentra dentro de las aguas territoriales de las distintas naciones, pero otra parte importante está en aguas internacionales. Esto obliga a establecer **tratados** que regulen el aprovechamiento de esos recursos. Al ser los océanos un medio compartido por todo el planeta, para gestionarlos es necesaria la colaboración internacional, como sucede en el caso del **Tratado Antártico**. En este continente existen numerosos recursos minerales y pesqueros, aunque la "**Moratoria Antártica**" estableció en 1991 un plazo de 50 años para poder iniciar la explotación, dando así tiempo a que se desarrollen tecnologías que no destruyan este valioso **ecosistema**.

Estos elefantes marinos de la isla Livingstone (Antártida) pueden estar tranquilos, de momento, gracias a la moratoria que impide explotar las riquezas de ese continente.

BIODIVERSIDAD Y EXTINCIÓN DE ESPECIES

Los millones de años transcurridos desde la aparición de la vida en nuestro planeta han dado lugar en el curso de la evolución a una gran variedad de organismos, que es lo que llamamos diversidad biológica o **biodiversidad**. Esa variedad es la base esencial para que siga habiendo vida en la Tierra. La actividad humana y sus efectos negativos se han acelerado en las últimas décadas y multitud de **especies** se han extinguido antes de que la evolución pudiera actuar, lo que constituye una gran pérdida para el planeta.

LA RIQUEZA DE LA VIDA

La **vida** apareció en el mar hace más de 3.000 o 3.500 millones de años y lo hizo en forma de diminutos organismos **unicelulares**. Vinieron después los seres formados por varias células, los **pluricelulares**, que experimentaron una gran expansión. Como el planeta estaba vacío, pudieron tener las formas más extravagantes, pero al aumentar su número comenzó a actuar la **competencia** y sólo sobrevivieron los que mejor se adaptaban al medio donde vivían. Desde entonces la evolución ha ido dando millones de formas. Muchas se han extinguido (como los **dinosaurios** o los helechos gigantes) y se han formado otras (como las aves modernas o los mamíferos). Pero para que la evolución pueda seguir funcionando tiene que haber una gran variedad de especies. Sólo así se garantiza que dispondrá de material sobre el que actuar.

En los arrecifes coralinos existe una enorme variedad de especies distintas.

Se conocen entre 1,7 y 1,9 millones de especies, pero los científicos calculan que quedan por descubrir entre 5 y 30 millones de otras especies, incluso algunas de mamíferos.

Cada año se descubren 20 especies de reptiles nuevas.

ESPECIES CONOCIDAS (aproximadamente)

vegetales	inferiores	100.000
	superiores (vasculares)	250.000
animales	invertebrados	1.350.000
	vertebrados	50.000

LA IMPORTANCIA DE LOS RECURSOS GENÉTICOS

Los **genes** son los portadores de las claves de la vida. En la Tierra existe una gran variedad de genes, cada uno de los cuales hace que una planta o un animal presente una determinada forma o sea capaz de sobrevivir en unas determinadas condiciones. Si desaparecen la mayoría de las plantas o los animales también desaparecen esas posibilidades, por lo que si se produce un cambio en las condiciones ambientales del planeta y no existe el gen capaz de adaptarse a ellas, la **vida** puede desaparecer. Ésa es la importancia de la reserva de recursos genéticos. Y esa **reserva de recursos genéticos** se basa en que existan organismos muy distintos, es decir, que haya una **gran biodiversidad**.

A pesar de su protección en parques nacionales, algunas especies están en peligro de extinción. Arriba, el loro Amazonas, una rara ave de unos 30 cm; abajo, el mono de cara azul, de Costa Rica.

La selva amazónica es uno de los ecosistemas terrestres de mayor diversidad del planeta. Hay miles de especies que viven aquí y que la ciencia no ha descubierto todavía. Son una gran reserva genética, por lo que es esencial conservar este ecosistema. En la fotografía, el raro *ibis eremita*.

EXTINCIÓN NATURAL

En el curso de la **evolución** hay especies que dejan de estar adaptadas a los cambios del medio ambiente en el que viven o que se encuentran en inferioridad frente a otras especies más recientes que compiten con ellas y les vencen. La especie antigua acaba por extinguirse. Es un proceso natural que se ha repetido miles de veces a lo largo de la **historia de la vida**. Los grandes **dinosaurios** dominaron la Tierra durante unos 130 millones de años. Después, posiblemente de modo paulatino, desaparecieron en pocos miles de años.

EXTINCIÓN DE LA VIDA EN UN LAGO A CAUSA DE LA LLUVIA ÁCIDA

Estado del lago	pH	Consecuencia
sano	7	gran diversidad de vida
ligeramente afectado	6	desaparecen todos los cangrejos y algunos peces
fuerte impacto	5	desaparecen casi todos los peces
situación catastrófica	4,5	sobreviven algunas anguilas
estado final	4	apenas sobreviven algunas bacterias

El pH indica el grado de acidez del agua. Un valor de 7 significa agua neutra y cuanto más bajo sea el número, tanto más ácida.

Los grandes cambios climáticos, producidos a lo largo de cientos de miles o de millones de años, han desplazado de su hábitat original a muchas especies animales y vegetales o, simplemente, las han extinguido.

Los gorilas de montaña, que viven en las neblinosas montañas de alrededor del lago Kivu (entre la República Democrática del Congo y Ruanda) están en vías de extinción debido a la caza furtiva.

EXTINCIÓN ARTIFICIAL

El hombre es el único animal conocido que puede intervenir en la **evolución**, seleccionando unas especies frente a otras según sus intereses. Sin embargo, se desconocen muchos detalles de cómo funciona la evolución por lo que esta actividad resulta muy peligrosa, incluso para nuestra supervivencia. El hombre ha hecho desaparecer multitud de **especies**. En unos casos matándolas directamente y en otros destruyendo su hábitat o su modo de vida. En el caso de estas extinciones artificiales, la vida no ha creado una forma que sustituya a la desaparecida (como sucede en la extinción natural), por lo que se produce un "agujero" en la red que formamos todos los seres vivos. Muchos agujeros pueden llegar a romper por completo la red.

Se calcula que actualmente se extinguen unas 60-100 especies cada día.

La desaparición de una especie implica la desaparición de otras que dependen de ella: si desaparecieran las abejas, muchas plantas se extinguirían pues dependen de ellas para la polinización.

EL DESARROLLO DE LA HUMANIDAD

La **especie humana** forma parte del resto de especies animales que pueblan la Tierra. Se encuentra sometida a las mismas leyes físicas y a los mismos mecanismos de la **evolución** que los restantes organismos, aunque ha desarrollado una capacidad especial por la que puede interferir en los **procesos naturales**. Por ese motivo, el desarrollo de la humanidad tiene una gran importancia para la supervivencia de la **vida** en nuestro planeta.

LA CONQUISTA DEL PLANETA

Los primeros pobladores humanos vivían en pequeños grupos aislados. Lo mismo que otros **primates** de hábitos terrestres eran presa de numerosos depredadores, más fuertes que ellos. Sin embargo, el creciente grado de inteligencia de la especie permitió que sobreviviera en condiciones adversas. Desde entonces el **crecimiento** de la población humana ha sido constante. Esto condujo a la ocupación de la mayoría de los **hábitats** aptos para la vida. Su creciente independencia respecto a los enemigos naturales ha hecho que el hombre esté presente en todo el planeta, ejerciendo una presión cada vez mayor sobre los **ecosistemas** y los restantes pobladores de la Tierra.

LA PLAGA HUMANA

Cuando una especie deja de sufrir el **control** de sus enemigos naturales se convierte en **plaga**, por ejemplo los conejos en Australia. Los seres humanos apenas tenemos enemigos naturales, por lo que nos hemos convertido en una plaga.

ALGUNAS CONSECUENCIAS DE LA SUPERPOBLACIÓN HUMANA

Recurso necesario	Solución adoptada	Efecto sobre la naturaleza
Espacio	urbanización	destrucción de hábitats naturales reducción de territorios de la fauna desaparición de especies generación de residuos
Agua	explotación de acuíferos, pantanos	desaparición de espacios húmedos desertización extinción de flora y fauna acuáticas
Comida	agricultura, ganadería	destrucción de hábitats naturales reducción de territorios de la fauna generación de residuos deforestación desertización extinción de especies contaminación
Transporte	automóviles, aviones, barcos	contaminación del aire contaminación del agua contaminación acústica reducción de territorios de la fauna
Energía	centrales térmicas, nucleares e hidroeléctricas	contaminación del aire contaminación del agua residuos peligrosos
Bienes	fábricas	contaminación del aire contaminación del agua contaminación del suelo deforestación

La población mundial se distribuye de manera desigual, lo mismo que la riqueza.

La India es un país de grandes contrastes. Mientras una minoría vive en la abundancia, una gran mayoría vive en la pobreza.

TERCER MUNDO

Se denomina así al conjunto de los países más pobres del planeta, que además engloban mayor cantidad de población que la de los países ricos, el llamado Primer Mundo.

LA SUPERPOBLACIÓN

Los cambios en las formas de vida y los avances científicos han sido tan rápidos que las **sociedades tradicionales** no han tenido tiempo de adaptarse. La familia numerosa de siglos pasados era necesaria para compensar los numerosos fallecimientos, de modo que el número de hijos que llegaba a la edad adulta por cada pareja era reducido y la población crecía muy lentamente. Los progresos de la **medicina** han permitido hoy que muchos niños sobrevivan, con lo que el número de hijos que llega a la edad adulta por cada pareja es muy superior al que se producía hace apenas un siglo. La consecuencia es un aumento vertiginoso de la **población**.

En los países pobres, la escasez de infraestructuras hace que el suelo y las aguas, en especial, estén muy contaminados.

CRECIMIENTO CERO

Cuando el número de habitantes que mueren en un país es igual al de nacimientos, se dice que ese país tiene un crecimiento cero.

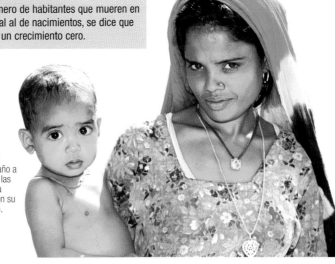

Casi 15 millones de niños menores de 5 años mueren cada año a causa del hambre y las enfermedades. En la fotografía, madre con su hijo en Jaipur (India).

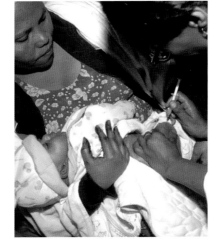

La población actual del planeta es de unos 6.200 millones de personas.

En los países en vías de desarrollo, la población aumentó de 2.000 millones a 4.000 millones en sólo 30 años.

Aunque las intensas campañas de vacunación evitan la muerte por enfermedad de miles de niños del Tercer Mundo, la falta de alimentos en esos lugares los condena a morir de hambre.

ALGUNAS SOLUCIONES A LA SUPERPOBLACIÓN

ORGANIZACIONES INTERNACIONALES

La ONU es la Organización de las Naciones Unidas, la FAO es la Organización para la Alimentación y la Agricultura, y la OMS es la Organización Mundial de la Salud. Las tres se ocupan del desarrollo humano, entre otras muchas organizaciones.

Sede de la Organización Mundial de la Salud (OMS), en Ginebra (Suiza).

El exceso de **población** humana es un grave problema, principalmente en los países en vías de desarrollo. Los recursos necesarios para el desarrollo deben destinarse a alimentar a una población cada vez mayor, con lo cual aumenta también la **pobreza** y la presión sobre los **ecosistemas** naturales. Las organizaciones internacionales como la **ONU**, la **FAO** o la **OMS** han propuesto varios planes para limitar este exceso de población. Entre las medidas propuestas (que se aplican ya en muchos países) está el **control de la natalidad**, pero debe ir acompañado de la educación (para comprender esa necesidad) y de ayudas al desarrollo (para que las familias no sigan criando hijos como mano de obra para poder sobrevivir).

LA ALIMENTACIÓN HUMANA

Los seres humanos somos **omnívoros**, es decir, que nos alimentamos tanto de plantas como de animales, por lo que recurrimos a los numerosos **recursos** que nos ofrece la naturaleza. La **agricultura**, la **ganadería** y la **pesca** son actividades esenciales para nuestra vida. Eso tiene una influencia sobre la naturaleza. La **superpoblación** actual provoca que esa influencia sobre los medios naturales sea enorme y destructiva.

DE CAZADOR NÓMADA A GRANJERO

Los hombres prehistóricos eran **cazadores nómadas** y **recolectores**, que dependían del modo de vida de sus presas y de las estaciones en que crecieran las plantas de las que se alimentaban. Este tipo de vida lo siguen todavía algunas tribus aisladas (p. ej., en el Amazonas). La civilización comenzó cuando en lugar de cazar, el hombre crió los animales de los que se alimentaba y cultivó las plantas que necesitaba. Así nacieron la **agricultura** y la **ganadería**. De este modo, el hombre tenía más garantizada su alimentación, pero eso también permitió que aumentara su población.

ECONOMÍA DE SUBSISTENCIA

Se llama así al modo de vida que sólo permite sobrevivir al individuo con los mínimos recursos.

LA AGRICULTURA

Nació en regiones fértiles a lo largo de los grandes ríos, al parecer en **Mesopotamia**. Al principio se cultivaban las plantas comestibles más comunes. Más tarde se fueron seleccionando las más productivas hasta obtener hoy **variedades** de elevado rendimiento. Los primeros agricultores realizaban manualmente todas las labores, pero después comenzaron a utilizar animales de tiro. La revolución en la agricultura llegó con la **mecanización** (tractores, segadoras, etc.), pero dejó a muchos agricultores desocupados pues las nuevas técnicas necesitaban mucha menos mano de obra.

En los países poco desarrollados, la explotación agrícola está poco mecanizada porque la mano de obra es muy barata. En la fotografía, plantación en el Rajastán (India).

En los países industrializados se consume más del 100 % de lo requerido; la consecuencia es el aumento de la obesidad. En los países más pobres se consume menos del 85 % de lo requerido; la consecuencia es la desnutrición.

DESNUTRICIÓN

Se produce cuando un adulto ingiere menos de 1.500 calorías diarias.

La mecanización del campo tiene el inconveniente de que prescinde casi por completo de la mano de obra. Un tractor, por ejemplo, puede hacer en un día la tarea de 100 personas en una semana.

CULTIVOS BÁSICOS

Especie	Uso	Región de cultivo
Trigo	Alimento básico, para hacer pan. Contiene 8-15 % de proteínas.	climas templados
Arroz	Alimento básico en Asia. Contiene 8-9 % de proteínas.	climas tropicales, en zonas encharcadas
Maíz	Alimento básico en América Central y África; contiene 10 % de proteínas. Se emplea también para el ganado.	climas cálidos y templados
Patata	Fuente de hidratos de carbono básica en muchos países.	climas frescos y templados
Cebada	Principalmente como forraje y para fabricar cerveza.	climas frescos y templados
Batata	Alimento secundario rico en almidón.	climas tropicales húmedos
Soja	Contiene entre un 30 y 50 % de proteínas; alimento básico en muchos países pobres.	climas cálidos
Mandioca	Bajo contenido en proteínas, resiste bien la sequía; alimento básico en África.	regiones cálidas
Centeno	Para preparar pan.	climas frescos y húmedos
Avena	Alimento del ganado.	climas frescos y húmedos
Sorgo	Alimento básico en regiones secas de África y Asia.	climas cálidos y secos

Mientras en muchos países la protección y las subvenciones que reciben ciertas explotaciones ganaderas provocan una sobreproducción (arriba), en otros lugares de la Tierra apenas asegura la subsistencia (abajo, una mujer de la India ordeña un búfalo de agua).

LA GANADERÍA

El proceso de **domesticación** de los animales fue paralelo al desarrollo de la agricultura. El hombre seleccionó **herbívoros** mansos y obtuvo variedades domésticas cada vez más productivas. El **ganado** doméstico se emplea como animal de trabajo y para obtener carne, leche y pieles. En la actualidad muchas granjas siguen procedimientos industriales para el manejo de estos animales.

La producción de proteína animal es más cara que la obtención de la misma cantidad de proteína vegetal.

La lana es el pelo tratado de los ovinos (ovejas), utilizada desde muy antiguo. Actualmente tiene la competencia de las fibras artificiales.

Entre el 40 y el 75 % de la producción de cereales de muchos países se dedica a la alimentación del ganado.

USOS DEL GANADO DOMÉSTICO

Especie	Usos
Vaca, toro	carne, cuero, leche, trabajo
Cebú	carne, leche, trabajo
Cerdo	carne, piel
Oveja	carne, lana, leche
Cabra	carne, cuero, leche
Caballo	trabajo, deporte, carne
Camello	trabajo, transporte, carne, leche, piel
Reno	trabajo, transporte, carne, leche, piel
Yak	transporte, carne, leche, piel
Gallina	carne, huevos
Pintada	carne
Avestruz	carne, plumas
Ganso	carne, huevos, plumón
Pato	carne, huevos

EL COMPORTAMIENTO ECOLÓGICO

La **ecología** es una ciencia que nos intenta explicar cómo funciona la naturaleza y que propone ideas para poder conservarla, pero quienes deben poner en práctica esas ideas somos todos nosotros. Si el ciudadano particular no se comporta de un modo no perjudicial con el medio ambiente, de nada sirve la labor de los científicos y, además, su conducta provoca daños a todos los restantes habitantes del **planeta**.

EL USO DEL AGUA

El **agua dulce** representa sólo el 3 % del total de agua existente en el planeta. Pero, además, de todo el agua dulce, la mayor parte se encuentra en forma de hielo, por lo que sólo disponemos de menos de un 1 %. Se trata, por lo tanto, de un bien escaso que es necesario administrar. Entre las principales medidas destinadas al ahorro de agua están el **reciclado**, la reducción de las pérdidas por **fugas**, el uso de técnicas de riego que eviten desperdicios y el cultivo de plantas que exijan escasa o nula irrigación.

 Para mantener un nivel razonable de calidad de vida se requieren unos 80 litros de agua diarios por persona.

Ahorrando	Gastando
Lavar con un regulador de flujo en el grifo.	Lavar con el grifo totalmente abierto.
Ducha.	Baño.
Regar el jardín con un sistema de goteo.	Regar el jardín con manguera.
Cerrar bien los grifos.	Dejar gotear los grifos.
Cultivar plantas poco exigentes.	Cultivar plantas muy exigentes.
Usar la lavadora con carga total.	Usar la lavadora con poca ropa.

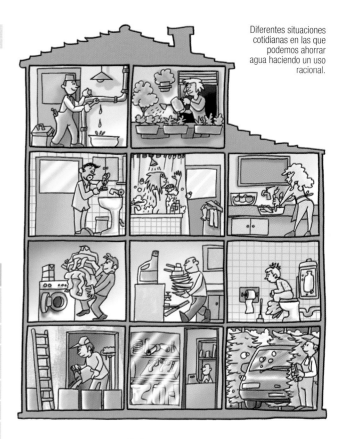

Diferentes situaciones cotidianas en las que podemos ahorrar agua haciendo un uso racional.

Existen grandes diferencias en el consumo doméstico de agua entre los países pobres y los ricos, pudiendo ser la diferencia de hasta 100 veces.

PILAS VIEJAS

Es muy importante depositarlas en los contenedores destinados a ese fin, pues contienen sustancias muy contaminantes y perjudiciales para el medio ambiente.

LAS BASURAS DOMÉSTICAS

Uno de los grandes problemas de la sociedad moderna es deshacerse de los **residuos** que produce. El ciudadano normal puede contribuir a resolver el problema si utiliza los medios disponibles para eliminar sus residuos domésticos. Hay que separar los envases de **plástico**, el **vidrio**, el **papel** y **cartón** y las **basuras orgánicas** en bolsas separadas, cada una de las cuales se deposita en contenedores distintos. De este modo, cada tipo de residuo se destinará a un fin distinto (**reciclaje**, obtención de compost, etc.). Tampoco deben tirarse a la basura las **pilas** gastadas, los **medicamentos** caducados y los **componentes electrónicos**. De este modo se evita contaminar el medio ambiente.

ESQUEMA DEL RECICLAJE DE LAS PILAS

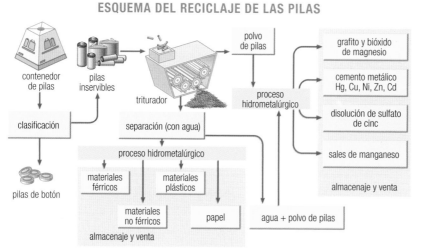

DISFRUTAR CORRECTAMENTE DE LA NATURALEZA

Seguramente te gusta encontrar el campo limpio cuando vas de excursión. También a los demás, incluidos los animales salvajes. Para ello debemos ser respetuosos con la naturaleza. Hay algunas reglas básicas que hay que seguir siempre: no tirar **basuras**, no provocar **incendios**, no **contaminar** los ríos (p.ej., al lavar el automóvil), no arrancar plantas, no hacer **ruido** (los animales necesitan tranquilidad y también las personas), no molestar a los animales (si asustas a un ave que anida, puede abandonar los huevos y los polluelos morirán antes de nacer).

 Al visitar un espacio protegido hay que cumplir rigurosamente las normas que se indican a la entrada.

Durante una excursión debemos respetar las plantas, los animales, los cultivos, las vallas, etc. Dejemos el campo tal como nos gustaría encontrarlo.

LOS MEDIOS DE TRANSPORTE

Tipo	Ventajas	Desventajas
Avión	Rapidez para larga distancia.	Alto consumo, contaminante.
Tren	Rapidez para corta y media distancia.	Pocas.
Automóvil individual	Permite movilidad.	Contaminante.
Automóvil compartido	Ahorro por persona, reducción del tráfico y la contaminación.	Resta algo de flexibilidad, también contamina.
Velero	Silencioso, no contamina.	Lentitud.
Barco de motor	Más rápido que el velero.	Ruidoso, contamina.
Caminar	Flexible dentro de la ciudad, bueno para la salud.	Cansancio.

 Utiliza siempre que puedas los medios de transporte público. Contribuirás a reducir el tráfico y la contaminación.

EL TRÁFICO

Si los conductores siguieran unas normas sencillas, no sólo contaminarían menos sino que ahorrarían el combustible que resulta más caro cada día: conducir con suavidad, evitando acelerones, ajustar la **presión de los neumáticos,** ajustar el **motor**, no llevar cargas sobre el techo si no es imprescindible, evitar ir sobrecargados (además resulta peligroso). A la hora de elegir vehículo, hay que buscar el que menos consuma (eliminará también menos **gases de escape**) y el que utilice el combustible menos contaminante.

EL BUEN CONSUMIDOR

Eligiendo el modo de comprar y el tipo de compras se puede contribuir a mejorar el **medio ambiente**. Además, se ahorra dinero. Así, prepara una lista de lo que quieres adquirir antes de entrar en una tienda. Con ello evitarás comprar productos innecesarios. Comprueba en las etiquetas si el producto que buscas contiene sustancias perjudiciales para el medio ambiente y, en tal caso, recházalo. Compra sólo productos de **madera certificada**. Evita el exceso de embalajes. Si vas al supermercado intenta comprar productos naturales y evita los muy manipulados o los que contengan sustancias o componentes **genéticamente manipulados**.

 Comprar éticamente significa exigir que el precio tenga en cuenta el coste de no perjudicar al medio ambiente y el pago justo al productor.

MADERA CERTIFICADA

La que lleva el sello garantizando que procede de cultivos forestales controlados.

Antes de comprar, hay que tener claro qué necesitamos. En el momento de comprar, escoger los productos más respetuosos con la naturaleza y que representen un comercio justo.

EL PLANETA Y LAS NUEVAS TECNOLOGÍAS

La intervención del hombre en la **naturaleza** ha pasado de ser mínima en tiempos prehistóricos a masiva y dañina en la actualidad. Ello ha ido ligado al **desarrollo industrial**. Sin embargo, la creciente preocupación del hombre de la calle hacia el **medio** ambiente ha abierto el camino para la aparición de tecnologías nuevas, algunas de las cuales son beneficiosas para poder evitar los daños causados o incluso repararlos.

LAS COMUNICACIONES

En la actualidad, todo el mundo está intercomunicado y las noticias tardan sólo unos segundos en recorrer todo el planeta. La **televisión**, la **radio**, la **telefonía móvil**, **Internet** o los modernos **medios audiovisuales** son avances técnicos que presentan aspectos negativos (masificación, manipulación de la opinión, riesgos físicos por radiaciones, etc.), pero poseen también ventajas muy importantes para el cuidado de la naturaleza. Gracias a estas técnicas y aparatos es posible conocer de inmediato las agresiones al medio e intentar solucionarlas, concienciar a la población sobre la **conservación** y organizar movimientos ciudadanos para exigir respeto a la naturaleza.

Los satélites artificiales proporcionan información muy útil para pronosticar el tiempo.

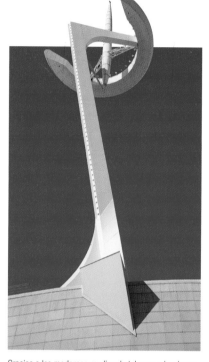

Gracias a los modernos medios de telecomunicaciones, cualquier accidente o agresión a la naturaleza puede ser conocido y contestado.

Con radio-emisores se pueden estudiar las rutas migratorias de muchos animales.

Mediante Internet, desde cualquier lugar del mundo se puede acceder a la información más actual sobre la naturaleza.

MANIPULACIÓN GENÉTICA, ¿BUENA O MALA?

Un organismo genéticamente manipulado, es aquél en el que se han introducido genes de otro organismo distinto. Es el caso del maíz, del trigo, de los tomates... y una larga lista de productos. Estos transgénicos llevan genes que les permiten conservar un buen aspecto durante mucho tiempo, aunque interiormente hayan comenzado a perder su frescor.

Como sucede con cualquier técnica, la **manipulación genética** no es buena ni mala por sí misma sino en función del fin al que vaya destinado. Un aspecto positivo es su posible aplicación en **medicina** para corregir enfermedades genéticas que podrían provocar la muerte del paciente. Un aspecto negativo es el uso de **alimentos transgénicos**, puesto que aunque no son en sí peligrosos, al desconocerse el modo de actuar de estos organismos artificiales, podrían favorecer la aparición de enfermedades alérgicas, mutaciones, etc. La liberación de organismos transgénicos en la naturaleza es una amenaza para la **biodiversidad** y un peligro para la salud, ya que pueden favorecer el paso de virus de unos organismos a otros.

Los agricultores que cultivan transgénicos tienen que comprar todos los años semillas nuevas a las compañías vendedoras ya que las semillas producidas por la planta han sido manipuladas para que resulten estériles.

CLONACIÓN

Clonar es obtener un nuevo individuo a partir de otro anterior, que tenga por lo tanto idénticos **genes** y que sea entonces idéntico a él. Es una técnica muy utilizada con **microorganismos**, pero que en los vertebrados se encuentra todavía en fase de experimentación. En las plantas, en cambio, es un procedimiento habitual. La principal ventaja consiste en poder obtener numerosos individuos con unas características favorables. En los cultivos de laboratorio se pueden clonar bacterias y otros microorganismos para obtener en pocas horas una población muy numerosa.

CLONACIÓN EN HUMANOS

Además de las objeciones éticas, la clonación de seres humanos no está todavía resuelta técnicamente en su totalidad.

Dolly, la primera oveja clónica del mundo, sufrió un proceso de envejecimiento más rápido de lo normal, algo que parece que podría afectar a todos los mamíferos clonados. Nació en julio de 1996 y murió en febrero de 2003, viviendo la mitad del tiempo que puede vivir una oveja. Hoy se encuentra disecada en el Royal Museum de Edimburgo.

CULTIVOS MARINOS

Al igual que la **ganadería** sustituyó a la caza y la **agricultura** a la recolección estacional, los cultivos marinos son la alternativa actual a la pesca y la recolección de algas. Sin embargo, el cultivo de organismos acuáticos es muy antiguo y ya los chinos criaban carpas cuando en el Imperio Romano se cultivaban ostras. La **piscicultura** está muy desarrollada con algunas especies, como la trucha en agua dulce y el salmón en el mar. La **acuicultura** permite garantizar una producción constante y una calidad uniforme, al tiempo que se resta presión sobre los ecosistemas naturales del mar o de los ríos.

ACUICULTURA

Conjunto de técnicas y procedimientos para la cría de organismos acuáticos.

PISCICULTURA

Cría de peces en recintos cerrados, a los que se alimenta y protege contra sus enemigos naturales.

Desde hace décadas, las piscifactorías cumplen con una doble misión: por un lado, proveer de alevines los ríos; por otro, proporcionar diversas especies piscícolas para el consumo humano sin agotar los ecosistemas.

ESPACIOS PROTEGIDOS

La presencia humana ha reducido progresivamente la superficie ocupada por la **naturaleza virgen** y sus actividades han contaminado o destruido extensas áreas del planeta. Por eso ha sido necesario crear los **espacios protegidos** (**parques nacionales, reservas**, etc.). En ellos se pretende mantener la naturaleza, su flora y su fauna en estado original, evitando la intervención humana y su destrucción. Se han convertido, además, en el último **refugio** para muchas especies. Por ese motivo tienen una gran importancia para la continuidad de la **vida** en la Tierra.

PARQUE NACIONAL DE LAS ISLAS GALÁPAGOS (ECUADOR)

En estas islas, **Darwin** tuvo la inspiración definitiva para su **teoría de la evolución**. Al estar aisladas del continente, las especies que aquí llegaron evolucionaron de manera independiente y dieron lugar a nuevas especies, adaptadas a las condiciones de su **hábitat**. Cuenta con numerosos **endemismos** animales, es decir, especies que sólo viven aquí, y unas 625 especies vegetales

Al estar alejadas de la costa y apartadas de las rutas tradicionales, las islas Galápagos (Ecuador) han conservado buena parte de sus características originales. En la fotografía, la isla de San Bartolomé.

ISLAS GALÁPAGOS	
Situación	En el Pacífico, sobre la línea del ecuador, a 1.000 km de la costa.
Geografía	19 islas volcánicas.
Superficie	80.000 km² (zona terrestre y zona marítima).
Creación	1936.
Ecosistemas	Marino costero, manglares, playas, tierras altas.
Especies destacadas	Cactus, mangles, iguana marina, iguana terrestre, tortuga gigante, pingüino de las Galápagos, pinzón de Darwin.

PARQUE NACIONAL DE MANÚ (PERÚ)

Engloba uno de los afluentes del **Amazonas**, situado en su cuenca alta. Se extiende desde los 150 m de altitud hasta los 4.200 m. Constituye una de las áreas protegidas más representativas de la **selva amazónica** y posee una increíble **diversidad biológica**. Aquí viven más de 850 especies de aves (el 15 % de todo el mundo), 100 de mamíferos y más de medio millón de artrópodos. Posee 14 tipos distintos de **bosque tropical**.

MANÚ	
Situación	En el sudeste del país, cerca de la frontera brasileña.
Geografía	Zonas de llanura, colinas y montañas.
Superficie	15.000 km².
Creación	1973.
Ecosistemas	Puna, bosque tropical húmedo de montaña, bosque tropical húmedo de llanura.
Especies destacadas	Ficus, árbol del cacao, cóndor, nutria gigante, oso de anteojos, cocodrilo negro, mono emperador, armadillo gigante, jaguar, ocelote, guacamayo azul, guacamayo rojo, tortuga caricaya.

En el Parque Nacional de Manú, algunas especies, comunes a otros espacios de la Tierra, alcanzan aquí dimensiones espectaculares.

PARQUE NACIONAL WOOD BUFFALO (CANADÁ)

Uno de los mayores parques del mundo y uno de los mejores representantes de las **llanuras** de las regiones boreales. Incluye el **delta interior** más grande del planeta, en el lago Atabasca. Aquí se conservan manadas de **bisontes** en perfecto estado. Hay cerca de 500 especies vegetales, 227 de aves y 47 de mamíferos. El clima es continental extremado, con inviernos muy fríos.

WOOD BUFFALO	
Situación	Centro del país, entre los lagos Atabasca y Gran Lago del Esclavo.
Geografía	Grandes llanuras, ríos y lagos.
Superficie	44.800 km².
Creación	1922.
Ecosistemas	Pradera, bosque boreal.
Especies destacadas	Abetos, pinos, bisonte, lobo, lince, zorro, halcones, lagópodo, cárabo lapón, búho nival, barnacla canadiense, colimbo, grulla.

PARQUE NACIONAL DE BIALOWIEZA (POLONIA/BIELORRUSIA)

Situado en una región apartada y de difícil acceso, con lagos, pantanos y bosques, que permitió la supervivencia de especies como el **bisonte europeo** y el **tarpán**. Conserva grandes tramos de **bosque fluvial** no alterado. Tiene un clima de tipo continental frío. Se han contado más de 900 especies de plantas superiores.

BIALOWIEZA	
Situación	Noreste de Polonia y sudoeste de Bielorrusia.
Geografía	Llanuras, lagos.
Superficie	800 km².
Ecosistemas	Bosque fluvial.
Especies destacadas	Piceas, pinos, alisos, robles, tilos, bisonte europeo, lince, nutria, castor, tarpán, alce, ciervo, lobo, pigargo, urogallo, grulla.

La nutria es uno de los animales más abundantes en el Parque Nacional de Bialowieza.

A punto de desaparecer, el bisonte se encuentra hoy fuera de peligro en el Parque Nacional Wood Buffalo de Canadá.

PARQUE NACIONAL DEL COTO DE DOÑANA (ESPAÑA)

Situado en una de las dos rutas principales para las **migraciones** de las aves del norte de Europa hacia África, es también una importante área de **invernada** para muchas de esas aves. Engloba varios ecosistemas centrados alrededor de las marismas del río Guadalquivir. Posee un **clima mediterráneo** con un período de sequía más o menos prolongado durante el verano. Incluye más de 450 especies de vertebrados.

DOÑANA	
Situación	En el sudoeste de la Península Ibérica, en la desembocadura del Guadalquivir.
Geografía	Llanuras de inundación y costa.
Superficie	772 km².
Creación	1969.
Ecosistemas	Dunas, marisma, bosque mediterráneo.
Especies destacadas	Lince ibérico, meloncillo, ciervo, nutria, gamo, ánsar, cerceta, flamenco, malvácea, calamón, buitre negro, águila imperial.

Marismas del Parque Nacional de Doñana (España) y lince ibérico, su especie animal más representativa (y amenazada).

PARQUE NACIONAL
NIOKOLO-KOBA (SENEGAL)

Se extiende a lo largo del río Gambia en un terreno llano, con abundante **bosque**, lo que permite la existencia de una gran considerable **biodiversidad**. Es uno de los principales santuarios de la naturaleza de África Occidental. De momento se han identificado más de 1.500 especies de plantas.

NIOKOLO-KOBA	
Situación	Sudeste del país, cerca de la frontera de Gambia.
Geografía	Llanura de escaso desnivel.
Superficie	91.300 km².
Creación	1954.
Ecosistemas	Bosque de galería, bosque seco, fluvial.
Especies destacadas	Bambú, elefante, búfalo, hipotrago, jirafa, papión, chimpancé, colobo, león, leopardo, cocodrilo, hipopótamo, águila volatinera.

Jirafa en el Parque Nacional Niokolo-Koba.

PARQUE NACIONAL VIRUNGA
(RUANDA)

Una región de paisajes muy diversos, desde **sabanas** y **pantanos** a zonas de **alta montaña**, con climas también muy variados y grandes diferencias de pluviosidad. El gran desnivel propicia la existencia de diferentes **tipos de vegetación**. Cuenta con numerosos ríos y es lugar de invernada de numerosas aves del hemisferio norte.

VIRUNGA	
Situación	En el noreste del país, fronterizo con Uganda.
Geografía	Llanuras, ríos, colinas, montañas de 5.000 m.
Superficie	79.000 km².
Creación	1925.
Ecosistemas	Fluvial, sabana, bosque seco, bosque lluvioso de montaña.
Especies destacadas	Bambú, cob, okapi, bongo, gorila, búfalo, chimpancé, elefante, león, hipopótamo, francolín, pelícano, damalisco.

PARQUE NACIONAL
DE SERENGETI (TANZANIA)

Se extiende por una llanura que finaliza en montañas de altura media y aparece recorrido por algunos ríos de curso permanente. El clima es muy caluroso y las lluvias se concentran en una **época húmeda**, seguida de otra seca. Representa el paisaje más característico y típico de las **sabanas** africanas, con una gran riqueza de fauna.

SERENGETI	
Situación	Noroeste del país, junto a la frontera con Kenia.
Geografía	Llanuras y media montaña.
Superficie	14.700 km².
Creación	1951.
Ecosistemas	Sabana.
Especies destacadas	Acacia, ñu, gacelas, cebra, alcelafo, facócero, jirafa, hiena, león, leopardo, hipopótamo, elefante, licaón, guepardo, rinoceronte.

Hipopótamos en un pantanal del Parque Nacional Serengeti (izquierda). Elefante en el gigantesco volcán del Ngorongoro, una reserva especial del Parque Nacional Serengeti (centro).

Gorilas de montaña en el Parque Nacional Virunga.

PARQUE NACIONAL DE SUNDARBARNS (INDIA/BANGLADESH)

Ocupa una extensa zona de la desembocadura del **Ganges**, con el mayor bosque de **manglar** del mundo. La máxima altitud no supera los 10 m sobre el nivel del mar, por lo que las **mareas** modifican constantemente la estructura de las zonas emergidas. El clima es muy caluroso y con abundantes lluvias en el **monzón**.

SUNDARBARNS

Situación	Desembocadura del Ganges, entre la India y Bangladesh.
Geografía	Llanura inundable.
Superficie	10.000 km².
Creación	1984.
Ecosistemas	Manglar, estuario.
Especies destacadas	Sundari, tigre de Bengala, gato pescador, ciervo moteado, macaco de Bengala, delfín del Ganges, cocodrilo poroso, ibis.

Manglar en una zona próxima a la desembocadura del río Ganges, en el Parque Nacional de Sundarbarns.

PARQUE NACIONAL DE UJUNG KULON (INDONESIA)

Dentro del parque se incluye el famoso volcán **Krakatoa**. Hay un variado paisaje, tanto terrestre como costero. Las diversas clases de **bosque** albergan una rica fauna, entre la que se cuentan especies amenazadas de extinción como el rinoceronte de Java.
El clima es tropical muy lluvioso.

UJUNG KULON

Situación	Extremo occidental de la isla de Java.
Geografía	Costa accidentada con numerosas islas, interior montañoso.
Superficie	1.200 km² entre zona marítima y zona terrestre.
Ecosistemas	Arrecifes coralinos, dunas, bosque tropical.
Especies destacadas	Podocarpos, palmeras, rinoceronte de Java, perro jaro, gato pescador, binturong, leopardo, gibones, macaco cangrejero.

PARQUES DE TE WAHIPOUNAMU (NUEVA ZELANDA)

Se trata de un conjunto de varios parques nacionales y reservas unidos que desde la costa penetran hasta 90 km hacia el interior. Presentan una enorme variedad de paisajes, con **fiordos**, **montañas** y **volcanes**. El clima es **oceánico**, con una elevada humedad y precipitaciones de hasta 10.000 mm anuales. Faltan por estudiar todavía muchos de los animales que lo pueblan.

TE WAHIPOUNAMU

Situación	Sudoeste de la isla Sur.
Geografía	Costa muy accidentada, montañas.
Superficie	26.000 km².
Creación	1952.
Ecosistemas	Costero, de montaña, bosque oceánico.
Especies destacadas	Foca neozelandesa, pájaro bobo crestado, kiwi pardo, kiwi manchado, kea, kaka.

Una de las islas formadas por las nuevas erupciones del volcán Krakatoa, al este de Java y en el Parque Nacional de Ujung Kulon.

Paisaje del Parque Nacional de Te Wahipounamu.

EL MOVIMIENTO ECOLOGISTA

El deterioro creciente de la calidad ambiental en la segunda mitad del siglo xx despertó la conciencia ciudadana que comenzó a exigir unas condiciones de vida más limpias. Eso dio lugar a la aparición de movimientos llamados **ecologistas** que tenían como objetivo reclamar el derecho del hombre a disfrutar de una naturaleza inalterada y el derecho a la vida de los restantes habitantes del planeta. Los movimientos ecologistas se convirtieron en el motor que ha impulsado muchas de las **reformas sociales** relativas al comportamiento del hombre frente a la naturaleza.

GREENPEACE

Es una organización no gubernamental que se ha convertido en uno de los principales grupos ecologistas del planeta. Se financia exclusivamente con las cuotas de sus socios (varios millones en todo el mundo), con lo que se mantiene independiente de las empresas y los gobiernos. Con los fondos disponibles realiza espectaculares **campañas** en defensa del **medio ambiente** y de protesta contra los ataques que sufre la naturaleza.

Buque de Greenpeace, una asociación independiente que pretende mantener la conciencia ecologista en un mundo en el que priman los intereses económicos. Para una mayor eficacia de sus actuaciones, dispone de organizaciones nacionales en numerosos países.

La cruel matanza de focas en el Ártico despertó muchas conciencias y favoreció el movimiento ecologista.

Al desconocer el peligro que significa el hombre, las focas no huyen ante la presencia de sus verdugos, que las matan golpeándolas con mazos en la cabeza.

Todos los productos que se obtienen de las ballenas pueden fabricarse hoy a partir de otros productos, con lo que carece de sentido seguir sacrificando estos escasos animales.

MORATORIA PARA LA CAZA DE BALLENAS

En 1994, la Comisión Ballenera Internacional aprobó esta moratoria indefinida, por la que se prohíbe la caza de estos cetáceos.

DEFENSA DE LAS FOCAS Y LAS BALLENAS

Las matanzas de **focas** en las regiones árticas con métodos crueles con objeto de obtener su piel aparecieron en todos los medios de comunicación y provocaron grandes protestas en todo el mundo. Lo mismo sucedió con la caza de **ballenas**, dando lugar a reuniones internacionales destinadas a evitar la extinción de estos grandes cetáceos. Gracias a las acciones de los grupos ecologistas, que despertaron la conciencia del público, se está consiguiendo poner fin a estas matanzas, a pesar de los intereses comerciales de las compañías peleteras y balleneras.

CAPTURAS DE FOCAS EN EL ATLÁNTICO NORTE

Año	Cuota	Captura oficial	Captura estimada
1994	186.000	52.916	264.376
1995	186.000	4.794	258.964
1996	250.000	242.262	508.082
1997	275.000	264.204	499.465
1998	275.000	282.070	532.516
1999	275.000	244.552	498.315
2000	275.000	91.602	337.219
2001	275.000	226.493	484.109

Incluye las estimaciones de Bycatch, Arctic y Greenland (calculado usando las capturas publicadas por Stevenson et al. 2000, Walsh 1999 y NMFS 2000).

LA ANTÁRTIDA

Este continente virgen ha sido objeto de numerosas campañas de defensa. No sólo se trata de preservar un territorio virgen y evitar su deterioro, sino que los científicos han presentado numerosas pruebas que demuestran la gran importancia de este ecosistema para el conjunto del planeta. En las aguas antárticas, al sur del paralelo 40º, se ha creado un santuario destinado a la reproducción de las ballenas.

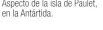
Aspecto de la isla de Paulet, en la Antártida.

En 1900 se firmó el primer protocolo internacional conservacionista, en este caso para salvar la fauna africana.

Los precursores de los movimientos ecologistas actuales surgieron a finales del siglo XIX, pero agrupaban sólo a minorías.

LA POLÍTICA Y LOS ECOLOGISTAS

En muchos países, principalmente en Alemania, los movimientos ecologistas (los también llamados "**Verdes**") han conseguido un número suficiente de votos, lo que les ha permitido participar incluso en tareas de gobierno de la nación.

En casi todos los países industrializados, principalmente en Europa, la participación de los ecologistas en la política ha contribuido a concienciar a la población de los graves problemas medioambientales que afectan a nuestro mundo.

SIGLAS

La WWF, o World Wide Foundation, es una organización que tiene como finalidad recaudar fondos, que destina a la conservación de la vida salvaje en cualquier lugar del planeta.

La IUCN, o Unión Internacional para la Conservación de la Naturaleza, es una organización internacional que coordina los esfuerzos conservacionistas, principalmente gubernamentales, de todo el mundo.

ÍNDICE ALFABÉTICO DE MATERIAS